www.tredition.de

Mein Name ist Sabrina Wieder. Geboren wurde ich am 17.12.1982 in Mönchengladbach

Im Jahre 2010 habe ich mit dem aktiven Pilgern angefangen. Ich gehe seitdem jährlich mit meiner Heimatpfarre Elmpt zum Marienwallfahrtsort Kevelaer.

Den Jakobsweg zu gehen, war ein Traum von mir, welchen ich im Jahre 2012 verwirklicht habe.

Um den Menschen den Weg ein bisschen näher zu bringen und ihnen Mut zuzusprechen sich auf den Weg zu begeben, habe ich nach meiner Rückkehr dieses Buch geschrieben.

Es gibt Einblicke in das Pilgerleben und in die Natur Portugals und Spanien.

Viel Spaß beim lesen und BUEN CAMINO

Alleine hätte ich den Weg zu Jakobus und den Weg zu diesem Buch nie geschafft.

Ein großes DANKE an:

Mama und Papa

Steffi

Oma und Opa

Meinem Schutzengel Oma Anneliese

Meiner ganzen Familie

und nicht zu vergessen

Meinen Mitpilgerinnen und Mitpilgern

Sabrina Wieder

FREDERICO

mit einem Strohhut auf dem Jakobsweg

www.tredition.de

© 2012 Sabrina Wieder

Umschlaggestaltung, Illustration: Sabrina Wieder

Verlag: tredition GmbH, Hamburg
ISBN: 978-3-8491-8382-0
Printed in Germany

Bibliografische Information der Deutschen Nationalbibliothek:
Die Deutsche Nationalbibliothek verzeichnet diese Publikation in
der Deutschen Nationalbibliografie; detaillierte bibliografische Da-
ten sind im Internet über http://dnb.d-nb.de abrufbar

Kapitel 1 - Die Vorbereitungen

Im Januar 2012 kam es mir in den Sinn:

Ich will den Jakobsweg gehen!

Tagelang musste ich immer und immer wieder daran denken, bevor ich zu dem Entschluss kam:

„Das machst du noch in diesem Jahr!"

Die Gründe, warum ich ausgerechnet den Jakobsweg gehen wollte, waren sehr unterschiedlich. Zum einen hatte ich religiöse Gründe. Der Glaube spielt in meinem Leben eine wichtige Rolle. Er gibt mir Kraft und in ihm finde ich Ruhe vom oft stressigen Alltag.

Das Pilgern für mich als Entspannung habe ich im Jahr 2010 entdeckt, als ich mit meiner Heimatpfarre zum ersten Mal nach Kevelaer - einem Marienwallfahrtsort am Niederrhein - gepilgert bin.   Nach dieser Pilgerreise habe ich zu mir gesagt:

"Fünfmal gehe ich nach Kevelaer, einmal nach Trier und dann den Jakobsweg!"

Da im Jahr 2011, in meinem Leben aber so vieles passiert ist, wofür ich danken und worüber ich nachdenken wollte, entschloss ich mich dazu, den Jakobsweg schon nach dreimal Kevelaer zu gehen.

Noch ein Grund waren Dinge, die in den letzten 29 Jahren passiert sind, zu verarbeiten und zu überlegen, welche Ziele ich mir gesetzt hatte und welche ich bereits erreicht habe.

Begegnungen mit anderen Pilgern, ihre Beweggründe, warum sie diesen Weg gehen, die Landschaft, die Ruhe; die Zeitfür mich ganz alleine, all das waren auch Gründe für mich, den Jakobsweg zu beschreiten.

Und nicht zuletzt wollte ich einfach mal aus dem multimedialen Alltag heraus, in die Einfachheit und in die Natur. Sie wird von den meisten Menschen zerstört, dabei ist sie der Ursprung unseres Lebens. Da man zu Fuß die Natur am besten erleben kann, entschied ich mich für das Fußpilgern. Denn natürlich ist das Pilgern auch beispielsweise mit dem Fahrrad oder dem Pferd möglich.

Zuerst sprach ich mit meinem Freund über mein Vorhaben.

Er fragte: *„Wie läuft denn so eine Pilgerreise überhaupt ab?"*

Ich erklärte ihm, dass ich einige Zeit der Vorbereitung brauchen werde, denn ich müsste einiges an Literatur lesen, Pilgerberichte ansehen und viele Sachen besorgen. Einen groben Zeitplan hatte ich bereits im Kopf und würde mindestens zwei, aber eventuell auch drei Wochen unterwegs sein.

„Im September möchte ich gerne los, da ich schon im Internet gelesen habe, dass in diesem Monat das Wetter noch super ist, aber der Weg trotzdem nicht so überlaufen ist. Ich werde alleine gehen, da ich auch nach mir selber suchen möchte und mich selber finden möchte", sagte ich.

„Morgens würde ich mit meinem Rucksack losziehen und am Tag vorher in meinem Reiseführer herausfinden, wo es die nächste Herberge gibt. Ich möchte in Herbergen übernachten. Das ist so etwas wie eine Jugendherberge mit vielen Betten und es sind preiswerte Unterkünfte nur für Pilger. Es wird also kein Luxus oder Partyurlaub, sondern eher ein Entspannungsurlaub für die Seele"

Auf meine Ausführungen antwortet er dann nur:

„Solange ich nicht mitlaufen muss und du das wirklich machen willst, dann mache es.“

Damit war für mich die erste Hürde überwunden. Viele werden sich jetzt bestimmt fragen, warum Hürde? Mein damaliger Freund, hatte mit dem Pilgern nicht viel zu tun. Er akzeptierte es, mehr aber auch nicht.

Ich hatte ehrlich gesagt ein bisschen Angst, dass er absolut dagegen ist. Dies war zum Glück nicht der Fall, aber Überwindung hat es mich schon gekostete, ihn auf dieses Thema anzusprechen.

Als nächstes sprach ich mit meinen Eltern, die mir offenbar das Pilgergen mitgegeben haben, denn sie waren selbst erfahrene Wallfahrer. Mein Vater war sofort begeistert, meiner Mutter hingegen war es bei dem Gedanken schon etwas mulmig. Schließlich wollte ich den Weg alleine gehen. Dennoch sagte sie, wenn es mein Traum sei, solle ich ihn auch leben.

Ich war bereits jetzt Feuer und Flamme, bestellte mir sofort einiges an Literatur und durchforstete das Internet. Dann stellte sich mir die Frage:

„Welchen der vielen Wege soll ich denn nehmen?“

Und obwohl der französische Weg der beliebteste ist, entschied ich mich für den Weg durch Portugal. Für diese Entscheidung gibt es verschiedene Gründe. Zum einen hatte ich in verschiedenen Berichten gelesen, dass dieser Weg nicht so überlaufen sein soll. Denn der Französische erlebte nach dem Buch eines Komikers einen dermaßen großen Boom, dass man in der Hauptzeit wohl keine Betten mehr bekam. Außerdem ist der portugiesische Weg, was die Herbergen angeht, sehr gut ausgestattet. Und zu guter Letzt spielte auch die Länge der Strecke für mich eine Rolle. Ich hatte für mich nämlich entschieden, dass ich auf jeden Fall Santiago erreichen möchte ohne über Wochen bzw. Monate weg sein zu müssen.

Einige Tage nachdem ich den Entschluss gefasst hatte, mich auf den Weg zu begeben flatterte der Pfarrbrief unserer Gemeinde ins Haus. Darin war eine Ankündigung für einen Filmabend. Der Film „Sankt Jacques" wurde gezeigt.

Der Titel war viel versprechend und so stand für mich fest: da gehe ich hin.

Bei der Filmvorführung waren ziemlich viele Menschen, von denen ich einige sogar kannte. Als zwei Personen den Saal betraten, dachte ich sofort: „Das sind Pilger". Die beiden sahen sehr herzlich und gläubig aus, so wie ich mir Pilger eben vorstellte. Es ist ja oft so, dass man Menschen, die man auch nur einen kurzen Moment gesehen hat, direkt irgendwo einordnet. Ich ordnete sie also zur Kategorie „Jakobspilger" ein. Nachdem wir uns den Film angesehen hatten, sollten wir uns Gedanken dazu machen und wir wurden gefragt, was uns der Film gegeben hat. Meine Antwort kam prompt: „Rucksack auf und los!" Da es aber erst Februar war, wusste ich, dass ich noch mehr als ein halbes Jahr warten musste.

Zum Abschluss der Veranstaltung wurde ein Kreis gebildet und die zwei Personen, die ich schon vorher als Pilger erkannt habe, erzählten von ihren Pilgerreisen. Die beiden sind schon alle Caminos (Jakobswege), welche es in Spanien gibt, gegangen. Sie waren bereits mehr als zehnmal auf dem Weg unterwegs. Als sie von ihren Erlebnissen erzählt haben, ging ein Korb mit Jakobsmuscheln herum und jeder durfte sich eine nehmen .Dazu wurde folgender Text vorgelesen:

Muschelmaß

Was in deine kleine Pilgermuschel passt,

damit kommst du aus!

Mehr brauchst du nicht an Proviant!

Vertrau darauf,

aber vergiss das schöpfen nie!

von Manfred Langner

Mir kamen die Tränen, denn der Text wurde ganz langsam und mit solch einer ruhigen Stimme vorgelesen, dass er mich ziemlich melancholisch machte und ich mit meinen Gedanken schon auf dem Weg war. Und außerdem hatte ich das erste wichtige Utensil, das ein Pilger braucht: die Muschel für den Rucksack.

Die Muschel gilt als Symbol für Jakobspilger, da der Hl. Jakobus der Legende nach komplett mit Muscheln übersät war, als das Schiff mit seinem Leichnam im spanischen Padron strandete. Früher brachten die Pilger als Zeichen, dass sie auch wirklich gepilgert sind, eine Jakobsmuschel von ihrer Reise mit nach Hause Außerdem kann man mit der Muschel sehr viele nützliche Sachen machen z.B. sie als Trinkgefäß benutzen, damit essen oder damit schneiden. Wenige Tage später, bekam ich von meiner Tante; meinem Onkel und meiner Cousine ein Pilgertagebuch. - Ich hatte meiner Tante einmal erzählt, dass ich auf jeden Fall auf dem Weg Tagebuch schreiben möchte.- Als meine Cousine und meine Tante mir das Buch gaben, drückten mich beide und wünschten mir bereits jetzt alles Gute und ich möge auf dem Weg an sie denken. Es war sehr ergreifend für mich und ich sagte noch, dass ich das erste Mal ins Tagebuch reinschauen werde, wenn ich im Flugzeug sitze.

Mein Pilgertagebuch ist so aufgebaut, dass auf jeder Seite ein sinnlicher Spruch steht. In der Mitte des Buches gibt es die Geschichte vom Hl. Jakobus und am Ende waren noch einige Tipps für den Pilger wie z.B. Anleitungen für Meditation. Ich habe es täglich mit Leben gefüllt und das war auch wichtig, denn so viele Eindrücke und Erlebnisse kann man nicht im Kopf behalten. Und somit ist das Tagebuch im Nachhinein eines der wichtigstes Utensilien dieser Reise und es bedeutet mir sehr viel. –

Für meine Reise brauchte ich aber noch etwas sehr wichtiges: einen Pilgerausweis (Credencial). .

Dieser dient dazu, abends in den Refugien (wie die Herbergen genannt werden) zu übernachten und am Ende der Reise in Santiago de Compostela seine Pilgerurkunde- die Compostela - zu bekommen. Es ist ein Ausweis, in dem man auf dem Weg in allen Unterkünften und vielen Kirchen Stempel bekommt. Im Pilgerbüro in Santiago wird dann kontrolliert, ob man auf den letzten 100 Kilometern täglich mindestens zwei Stempel gesammelt hat, zum Nachweis, dass man dieses letzte Stück auch wirklich gegangen ist. Ich fand durch ein Pilgerforum im Internet ganz schnell heraus, wo ich mir solch einen Ausweis bestellen kann. Ich schrieb eine Mail zur Deutschen Jakobusgesellschaft und schon wenige Tage später erreichte der Pilgerausweis mich per Post. Der erste Stempel war auch schon drin.

Es war wieder ein Schritt Richtung Traumerfüllung.

Da meine Reise in Porto anfangen sollte, schaute ich nach passenden Flügen. schnell wurde ich fündig und buchte. Hinflug 01.09.2012 Abflug 22.00Uhr ab Weeze nach Porto.

Zwischenzeitlich hatte ich auch meinen Kollegen/Kolleginnen und Freunden von der Reise erzählt.

Ich traf auf ganz gemischte Reaktionen. Die einen fanden es eine super Sache die anderen dachten wohl, jetzt dreht sie ganz durch. Aber das war mir egal. Ich ziehe das durch!

Nun galt es noch einige Dinge zu besorgen. Also steuerte ich den nächsten Outdoorladen an. Ich erzählte meine Geschichte und wurde bestens beraten. Ich probierte zunächst mehrere Rucksäcke an und stellte fest, dass es dort große Unterschiede gibt.

Nicht nur in der Größe sondern auch vom Tragekomfort. Schlussendlich habe ich aber meinen passenden Begleiter gefunden. Stöcke brauchte ich auch noch und auch hier wurde mir zum Glück auch geholfen. Den Rest, wie Funktionskleidung und Schuhe, hatte ich bereits zu Hause. Da der Rucksack voll gestopft war mit Füllmaterial, räumte ich ihn zu Hause aus. Ich nahm einen alten Schlafsack, ein Paar Schuhe; Kosmetika, ein Handtuch etc. und füllte ihn.

Im Laden sagte man mir, ich solle einfach mal eine Übungstour machen um zu sehen, ob ich wirklich den passenden Rucksack habe. Also zog ich in voller Montur durch unseren Ort und wurde von einigen Menschen schon etwas komisch angesehen. was ich voll und ganz nachvollziehen konnte. Sie wussten ja schließlich nicht wofür ich mich hier zum „Affen" mache.

Ich merkte, dass mir das Gehen durch die Natur schon jetzt gut tat - auch wenn es nur für eine Stunde oder zwei war. Ich konnte super abschalten.

Im März schien es, dass mein Traum platzen würde, da bei meinem Vater eine ernsthafte Erkrankung festgestellt wurde. Ich war ziemlich mies drauf in dieser Zeit. Oft, wenn ich abends vom Krankenhaus nach Hause kam, packte ich den Rucksack auf meinen Rücken und zog los, einfach nur um Kraft zu tanken für den nächsten Tag. Diese Kraft war so stark, dass ich sie auch an meinen Vater, meiner Mutter und meiner Schwester abgeben konnte.

Nun war der Camino noch wichtiger für mich.

Eine Frage habe ich mir dabei aber immer gestellt:

"Warum mache ich mich ausgerechnet dieses Jahr auf den Weg? War es ein Zeichen?"

Ich weiß es bis heute nicht und werde es wohl auch nie erfahren.

Jetzt hatten wir auch schon Juni. Endlich ist der Tag gekommen, an dem ich mich auf meine selbst ernannte Generalprobe begebe. Die jährliche Wallfahrt nach Kevelaer. Am Abend vor der Tour, lief ein Film, welcher auf dem Jakobsweg spielt, welchen ich mir zur Vorbereitung für meinen Camino natürlich ansah. Als wir uns morgens trafen, kam unsere Organisatorin - sie ist selber den Jakobsweg gegangen - und fragte mich, ob ich den Film gesehen habe. "Natürlich", sagte ich, darum bin ich doch auch noch so müde. Wir unterhielten uns unterwegs viel. Das Thema war klar - der Jakobsweg und seine Geschichten. Sie schwärmte förmlich bei jedem Wort.

Auf der Wallfahrt betet man viel. Ich fragte mich, ob ich das in Portugal auch machen würde. Das Thema der Wallfahrt war für mich persönlich ein besonderes.

"In Deinen Händen steht die Zeit!"

Den Tag in Kevelaer verbrachte ich mit meiner Familie und abends mit der Gemeinschaft. Auf dem Rückweg fing es schon morgens an zu regnen. Ich hatte nur eine einfache Regenjacke. Einige andere Pilger, unter anderem auch die beiden, welche dieses Jahr den Camino Frances gehen, hatten Regencapes. Bei einer Pause unterhielten wir uns über Regenkleidung und ich erwähnte, dass ich mir auch auf jeden Fall solch ein Cape besorgen werde. Den ganzen Tag schüttete es wie aus Eimern. Wenn das im September aber auch so sein sollte, dann breche ich ab und fliege nach Hause, da war ich mir sicher. Am Ende der Wallfahrt haben wir uns alle verabschiedet. Die Mitpilger, die von meiner Reise wussten, wünschten mir einen guten Weg.

Eine bessere Generalprobe (104 Kilometer an einem Wochenende), konnte ich wohl nicht haben.

Wieder zu Hause hatte ich kaum Ruhe. Ich setzte mich sofort wieder an meinen Computer. Rückflug und Unterkunft in Porto fehlten noch. Die Sache mit dem Flug war schon eine Geschichte für sich. Ich überlegte und guckte, was wohl die beste Variante ist, um wieder nach Hause zu kommen. Für mich bot sich die Variante an, mit dem Bus von Santiago zurück nach Porto zu fahren um dann einen Direktflug von Porto nach Weeze zu buchen. Gesagt getan.

Bei der Unterkunft habe ich mir auch einige Varianten zur Auswahl offen gehalten und entschied mich schlussendlich für ein Hostel.

Nun hatten wir schon Ende Juli. Im Forum für den Camino Portugues las ich etwas von einer Packliste. Ich kannte so etwas von meinen Urlauben als Jugendliche. Da bekamen wir diese immer von den Veranstaltern. Ich dachte erst, ich brauche eine solche Liste nicht. Ich schaute mir dennoch eine an und stellte fest: "Ich glaube es ist doch besser, sich eine Packliste auszudrucken!" Gesagt getan. Packliste ausgedruckt und Rucksack nach dieser und mit Hilfe der Küchenwaage gepackt.

Es war schon ein bisschen komisch mit einer Waage jedes Gepäckstück zu wiegen, aber für einen Rucksack, welchen man zwei Wochen auf dem Rücken hat, ist es sehr sinnvoll.

Abends zog ich den nach Liste gepackten Rucksack auf und musste feststellen, dass das, was ich bisher als Übungsgepäck hatte, wesentlich leichter war. Trotzdem dachte ich mir: Augen zu und durch, denn hiervon kannst du nichts zu Hause lassen.

Je näher es auf den 1. September zuging, umso mehr drehte es sich in meinem Kopf nur noch um den Weg. Ich habe bestimmt einige Menschen in meinem Umfeld genervt aber ich wollte einfach meine Freude mit ihnen teilen.

Mitte August bekam ich eine Mail von einem Bekannten, der einen Internet-Fernsehsender betreibt.

Das hatte ich ja komplett vergessen.

Er wollte mit mir einen Termin zu einem Interview machen. Als ich ihn fragte, wann es für ihn am besten wäre, war ich ziemlich erschrocken als er antwortet: "Am besten so zwei Tage vor der Abreise." Als ob ich da nichts anderes zu tun habe, dachte ich zuerst. Als er aber dann erklärte, dass dann meine Nervosität am besten rüberkomme, stimmte ich zu.

Da fiel mir noch ein, dass ich den Reisesegen noch zu Hause bekommen wollte. Also schrieb ich eine Mail an das Pfarrbüro, mit der Bitte um Kontaktaufnahme. Ich bekam ganz schnell Antwort, ich solle doch unseren Pastor anrufen. Also nahm ich das Telefon und schritt zur Tat. Er freute sich sehr darüber und wir vereinbarten als Termin, den 31. August nach der Hl. Messe.

Anderthalb Wochen vor meinem Start, lag ich abends im Bett und hatte plötzlich Zweifel an dem, was ich vorhatte.

"Ist das wirklich richtig? Was machst du wenn dir etwas passiert? Hoffentlich passiert hier zu Hause während dieser Zeit nichts!"

Ich bin ein Dickkopf, das was ich mir vornehme, ziehe ich auch durch.

In der letzten Woche vor dem Abflug hörten meine Verwandten, Kollegen/Kolleginnen und Freunde nur noch ein Thema von mir. Meine Vorfreude wuchs und irgendwie verging die Zeit immer schneller.

Und da fiel mir ein, ich brauche noch eine Kopfbedeckung. Ich glaubte, ein Strohhut wäre genau das Richtige. Er schützt vor Sonne und Regen, hat aber Luftlöcher um die Kopfwärme nach außen zu leiten. Ich zog los und wurde schnell fündig.

Jetzt musste ich noch einmal alles genau durchsehen und die To-Do Liste abhaken. Ich war fertig zum Start.

Donnerstag, zwei Tage vor dem Start: Das Interview. Zuerst habe ich meinen Rucksack gepackt, bevor ich mit diesem Rucksack, nach draußen gehen sollte um mich zu verabschieden. Dann folgte das Interview. Ich war so nervös, dass ich das Gefühl hatte auf keine Frage eine Antwort zu haben. Aber dadurch, dass ich den "Fragensteller" schon e-wig kannte, lief es alles super. Nach einer Stunde waren wir fertig und verabschiedeten uns.

Am letzten Arbeitstag konnte ich mich gar nicht mehr rich-tig konzentrieren. Ein Teil von mir war bereits auf dem Weg. Ich machte früh Schluss. Doch zuvor war große Verabschie-dung angesagt und ich bekam sehr viele unterschiedliche Wünsche mit auf dem Weg. Einige meiner Kolle-gen/Kolleginnen, gaben mir sogar etwas von ihren Sorgen, Ängsten und Danksagungen mit. Diese Dinge lud ich mir aber gerne noch zusätzlich auf.

Am Nachmittag wurde es Zeit mich von meinen Großeltern zu verabschieden. Meine Oma gab mir einen Engel mit, der mich beschützen sollte und mein Opa hatte wohl Angst, ich müsse auf der Straße schlafen, denn er besserte meine Ur-laubskasse auf. Der Abschied fiel schwer. Es war anders als bei den Urlauben zuvor. Beide waren kurz vor dem Weinen und in beiden Gesichtern sah ich auch ein bisschen Stolz.

Nun war es auch schon an der Zeit in die Kirche zu gehen. Meine Mutter und ich besuchten zuerst den Gottesdienst. Anschließend musste ich hoch zum Altarraum. Meinen Rucksack hatte ich auch mit, da ich wollte, dass auch er ge-segnet wird. Eine Bekannte aus dem Ort, meine Mutter, der Pastor und ich standen also im Altarraum.

Bevor es losging, musste ich erst noch sagen, dass ich vor lauter Nervosität das Vater Unser gar nicht mehr sagen konn-te. Der Pastor beruhigte mich und sagte, er kann es verstehen und er weiß ja, dass ich es kann.

Er stellte sich vor mich, sprach ein paar persönliche Worte, legte seine Hand auf meinen Kopf und segnete mich. Ich schaute meine Mutter an und ihr liefen die Tränen über das Gesicht. Auch ich musste weinen. Die Gefühle, die ich in diesem Moment hatte, kann ich kaum beschreiben. Ich fühlte so etwas wie ein Stromschlag der durch meinen Körper zieht.

Nach der Segnung, standen wir noch eine Weile zusammen und unterhielten uns. Danach gingen wir nach Hause und ich fuhr zu meinem Freund.

der erste Schritt Richtung Traum

Kapitel 2 Anreisetag Weeze - Porto

Samstag 01.09.2012

N *un ist er da: Der 1. September 2012. Der Tag, auf den ich so lange gewartet habe.*

Die Vorbereitungszeit ist vorbei, heute wird es ernst!

Mit diesen Gedanken stand ich auf.

Den ganzen Tag über war ich ziemlich aufgeregt. Ich war mit meinen Gedanken schon voll und ganz auf dem Jakobsweg.

Am Nachmittag hielt ich es nicht mehr länger bei meinem Freund aus und wollte nach Hause.

Die Zeit des Abschiedes war gekommen. Zuerst verabschiedete ich mich bei der Familie meines Freundes. Wir umarmten uns und ich bekam noch einige Dinge mit, welche ich in den Rucksack packen sollte um symbolisch, so Wünsche und Bitten mit zu tragen. Die ersten Tränen liefen.

Mein Freund ging noch mit mir zum Auto wir umarmten uns zum Abschied. Er sagte

"Pass gut auf dich auf und komme gesund wieder."

Ich antwortete:

"Mache dir keine Sorgen ich werde auf mich aufpassen."

Es fühlte sich an, als ob wir uns morgen wieder sehen werden, aber nicht, dass ich jetzt 14 Tage alleine unterwegs sein werde. Im Losfahren, schaute ich mich um und winkte meinem Freund zu. Auch er winkte zum Abschied.

Zu Hause angekommen, genoss ich zum letzten Mal die heimische Dusche. Anschließend verpackte ich meinen Rucksack, setzte meinen Strohhut auf und verabschiedete mich von meiner Hündin Luna.

Meine Eltern brachten mich nach Weeze zum Flughafen. Meine Mutter war so angespannt, dass sie auf der ganzen Fahrt kein Wort sprach.

In Weeze angekommen, gingen wir in das Flughafengebäude. Der Terminal für meinen Flug war noch geschlossen, also musste ich noch warten. Meine Eltern wollten solange bei mir bleiben. Wir gingen nach draußen und rauchten eine Zigarette. Da kamen zwei Mädels mit großen Rucksäcken.

Im Internet Forum hatte ich schon von zwei Pilgerinnen gelesen, die genau wie ich am 1. September von Weeze nach Porto fliegen wollten. Leider hatte ich den Namen falsch im Gedächtnis. Ich schrie den beiden entgegen "Mona?" Und winkte. Die beiden jedoch reagierten nicht. Oh nein, das waren offenbar die Falschen. Sie kamen auf mich zu und fragten, ob ich Mone meinte.

Das fing ja schon gut an.

Die Beiden stellten sich als Sarah und Mone vor gingen ins Terminal.

Irgendwie bemerkte ich bei meiner Mutter eine sehr große Erleichterung, jetzt wusste sie, dass ich nicht alleine bin. Ich umarmte meine Eltern und wir verabschiedeten uns. Bei meiner Mama und mir, liefen dir Tränen.

Beide gingen zum Auto, um nach Hause zu fahren. Ich sah noch hinterher und schon kamen Mone und Sarah wieder aus dem Gebäude.

Zusammen packten wir ihre Rücksäcke in die Transportsäcke und stellten uns in die Reihe zum Einchecken. Als wir warteten, fielen uns zwei Jungen auf, die ziemlich verwirrt durch die Gegend rannten und irgendwie nicht so recht wussten, wohin sie mussten. Sie stellten sich aber schließlich auch in unsere Reihe. Viel Auswahl hatten sie auch nicht, es war schließlich die einzige Schlange im Gebäude.

Schnell waren wir an der Reihe und schauten gespannt auf die Waagen. Mein Rucksack wog 10,8 Kilo. Schon war das Gepäck auf dem Weg und wir drei Mädels gingen raus und setzten uns ans Flugfeld. Wir merkten schnell, dass wir auf einer Wellenlänge waren. Wir stellten fest, dass wir alle drei ziemliche Flugangst hatten und diese jeder auf seine Weise bekämpfte. Mone und Sarah bevorzugten ein gepflegtes deutsches Bier und ich nahm meine pflanzlichen Rescuetropfen.

Nach einiger Zeit im Freien mussten wir uns auf den Weg machen. Es war an der Zeit, den Zoll zu passieren. Ich flog zum ersten Mal von einem so kleinen Flughafen und fand es schon komisch zu Fuß über das Rollfeld zu laufen um ins Flugzeug zu gelangen. Als ich einen Platz gefunden hatte, setzte ich mich und legte den Sicherheitsgurt an.

Nach dem Start, hörte ich Musik und guckte zum ersten Mal in mein Tagebuch. Auf der ersten Seite, hatte meine Tante folgenden Text geschrieben:

Denn er hat seinen Engeln befohlen über Dir, dass sie Dich behüten auf all Deinen Wegen.

Ich musste weinen, denn ich wusste genau, dass es einen Engel gibt, der jeden meiner Schritte bewacht - meine verstorbene Oma.

Außerdem machte ich ein Kuvert auf, welches ich vor der Reise von meiner Schwester bekommen habe. In ihm war eine Aufgabe: " Bitte schicke mir mindestens 10 Postkarten für eine Überraschung. Ich wünsche Dir einen guten Weg und paß auf Dich auf!" stand auf einem Zettel.

Die Zeit verging wie im "Flug" und bereits zwei Stunden nach dem Start, kam die Durchsage vom Piloten, dass der Landeanflug beginnt. Bereits eine halbe Stunde vor planmäßiger Landung hatten wir wieder festen Boden unter den Füßen. Ich war sehr froh darüber obwohl es ein sehr ruhiger und guter Flug war.

Nun ging es zum Kofferband, da es ein ziemlich kleines Flugzeug mit wenig Passagieren war, kam mein Rucksack auch sehr schnell. Ich hatte ihn gut verpackt. Zu gut, denn ich bekam den Knoten nicht auf um den Packsack abzumachen. Zum Glück hatte Sarah eine bessere Technik und kam schnell an ihr Taschenmesser, um meinen Knoten zu lösen.

Nachdem wir drei, unsere Rucksäcke hatten, begann das nächste Abenteuer: wir mussten ein Ticket für die Metro ziehen. Aber Dank Mone, die bereits einmal den Camino Portugues gelaufen war, und damit schon in Porto war, gelang uns auch das ohne größere Probleme. Wir setzten uns in die Metro und unterhielten uns. Ich musste eher aussteigen als Mone und Sarah. Wir verabschiedeten uns und sagten, wir werden uns wohl erst in Santiago wieder sehen. - Mone und Sarah hatten nämlich einen ganz anderen Tagesplan als ich. -

Jetzt stand ich an der Metrostation und hatte absolut keine Orientierung. Da es mitten in der Nacht war und ich sehr müde beschloss ich kurzerhand mich in ein Taxi zu setzen. Mit Händen und Füßen erklärte ich dem Fahrer, dass ich zum Wine Hostel muss. Auf der Fahrt fragte er einige Sachen und als er erfuhr, dass ich den Jakobsweg gehe, war der Fahrer Feuer und Flamme. Wenn ich ihn richtig verstanden habe, war er den Weg bereits drei Mal gegangen. An einem großen Platz mit sehr vielen Menschen hielt er an. Er erklärte mir, dass ich das restliche Stück zu Fuß gehen musste und holte mir meinen Rucksack aus dem Kofferraum. Ich musste nur 80 Cent für die Fahrt bezahlen. Nun stand ich am Rande des großen Platzes.

Ein wenig Angst hatte ich, da der Platz sehr voll war mit jungen, feiernden Menschen. Ich eckte bei der Menschenmenge mit meinem Rucksack einige Leute an, doch sie waren größtenteils sehr freundlich und fragten sogar, ob sie helfen könnten. Ich nannte den Namen des Hostel und ein netter junger Mann drehte sich um und zeigte auf den Eingang.

Die Türe war verschlossen da es weit nach Mitternacht war. Also klingelte ich. Die Tür öffnete sich und ich checkte im Hostel ein. Mein Bett stand im Zimmer Lila und hatte die Nummer vier.

Im Zimmer angekommen, war ich ganz leise, da bereits zwei Betten belegt waren. Ich sah, dass im Bett Nummer vier schon jemand lag. Eines der zwei Betten, welche noch leer waren, sah auch aus, als ob es belegt wäre. Da wurde der Mann aus meinem Bett wach und fragte, ob er das Bett wechseln solle, ich antwortete:

"Nein ich nehme hier das Freie."

Ich machte mich fertig und legte mich in Bett Nummer zwei. Es wackelte und quietschte sehr und der Lärm vor dem Hostel war unüberhörbar.

Hinzu kam noch immer meine Aufregung die mich vom Schlafen abhielt.

Was werde ich erleben?

Werde ich es schaffen?

Hoffentlich halte ich durch!

Werde ich einige Sachen verarbeiten können?

Was für Menschen, werde ich begegnen?

Wie wird das Wetter sein?

Welche Landschaften werde ich durchqueren?

Wie wird es mit der Nachtruhe in den Herbergen?

Hoffentlich reicht meine Zeit und ich muss nicht hetzen!

Mit diesen Gedanken schlief ich ein!

mein Pilgerrucksack mit Jakobsmuschel

Kapitel 3 Porto-Vilarinho 25,5 km

Sonntag 2.Spetember

7 Uhr: Die Nacht war vorbei ich konnte einfach nicht länger schlafen.

Auf leisen Sohlen machte ich mich auf. Zuerst ins Bad und anschließend samt Rucksack, nach unten.

Leider gab es erst ab 8.30 Uhr Frühstück. Also ging ich nach draußen und rief meine Eltern und meinen Freund an, dass ich gut mein erstes Ziel Porto erreicht habe. Meine Mama wünschte mir alles Gute und ich sagte ich melde mich aber ich weis nicht wann. Denn eigentlich hatte ich mein Handy nur für Notfälle dabei. Und wollte ja aus dem multimedialen Alltag heraus in die Einfachheit.

Schon zu dieser Uhrzeit, schützte mein Strohhut mich vor der Sonne. Der Himmel war strahlend blau und es war keine Wolke zu sehen. Die Temperaturen lagen jetzt schon gefühlt bei 25°C. Gegen 8 Uhr konnte ich endlich frühstücken. Es war ein einfaches Frühstück mit Kaffee Toast und Butter.

Während ich meinen Kaffee schlürfte, betraten zwei Jungs den Essraum. Beide hatten ein Surfbrett dabei und wünschten mir einen guten morgen. Es waren zwei deutsche und wir kamen ins Gespräch. Sie waren zum Surfen in Portugal und haben die morgendliche Ruhe am Meer genossen. erzählten sie mir und fragten, was mich denn nach Porto treibt. Ich erzählte ihnen, dass ich den Jakobsweg gehen möchte bis Santiago. Die beiden waren sehr begeistert von meinem Vorhaben.

Gemeinsam tranken wir noch einen Kaffee. Ich machte mich langsam fertig und sie wünschten mir einen Guten Weg und alles Gute. Ich antwortete:"Euch wünsche ich einen schönen Strandurlaub und auch alles Gute." Mit diesen Worten verließ ich das Hostel.

Natürlich, wollte ich mir noch etwas von Porto ansehen. Denn wie aus Berichten, wusste ich, dass diese Stadt einiges zu sehen hat. Das erste Ziel war der berühmte Bahnhof Sao Bento, welchen ich schon nach wenigen Minuten erreicht hatte. In der Eingangshalle des Bahnhofs befinden sich Tausende von blau weißen Kacheln. Diese wurde aber nicht ohne Grund an die Wand geklebt, sondern zeigen die Transportgeschichte Portugals. Ein Besuch lohnt sich. Hier war eine Menge los. Es war sehr laut und ständig fuhren Züge in den Kopfbahnhof ein. Für mich, als Pilgerin, die Ruhe genießen wollte, war dort viel zu viel Trubel, so dass ich das Gebäude schnell wieder verließ.

Draußen vor dem Bahnhof, hatte ich Orientierung verloren. Das nächste Ziel sollte die Kathedrale sein. Zum Glück sah ich einen Polizisten. ich ging zu ihm und fragte nach dem Weg dorthin. Er drehte sich um und deutete auf ein Gebäude, das sich auf einem Berg befand. Ich bedankte mich und er fragte noch ob ich Pilger sei. Als ich dieses mit Ja beantwortete, wünschte er mir Buen Camino.

Der erste Berg musste also schon vor dem eigentlichen Jakobsweg überwunden werden.

Als ich an der Kathedrale ankam, schaute ich mir Porto von oben an. Hier, vor der Kathedrale, hatte man einen wunderbaren Ausblick über Portos Altstadt. Man konnte genau die schmalen Gassen und alten Häuser sehen. Und von hier aus, war Porto sehr bunt und ziemlich verfallen.

Eigentlich wollte ich den Jakobsweg erst einen Tag später anfangen und das erste Stück durch Portos Industriegebiet mit der Metro fahren. Meine Vorfreude jedoch war größer und sie siegte. Kurzerhand entschied ich mich bereits heute loszugehen und zwar direkt von hier aus, ohne Metro.

Bevor es aber losgehen konnte hatte ich noch einige Dinge zu erledigen. ich suchte den ersten gelben Pfeil. Dieser dient als Wegweiser auf dem Jakobsweg. Zum Glück, hatte ich ihn ohne langes suchen, schnell gefunden.

Nun ging ich in die Kathedrale und holte meinen ersten Pilgerstempel. Ja nun wird der Pilgerausweis, endlich mit leben gefüllt. Ein sehr ergreifendes Gefühl für mich. zumal ich den Stempel in einer riesigen Sakristei bekam. In dem Raum, hing ein großes Bild von unserem Papst. Ich drehte mich zu ihm, und bat ihn, mich in sein Gebet mit einzuschließen. Nachdem ich meinen Pilgerausweis wieder gut verpackt hatte, kniete ich mich direkt in die erste Reihe und betete. Hier verweilte ich ein wenig in Ruhe und im Gebet. Anschließend, sah ich mich in der Kathedrale um, und konnte nur staunen, wegen ihrer Schönheit und ihrer Größe.

Nach verlassen der Kathedrale, sah ich auf einmal wieder die beiden Jungs aus Weeze. Die beiden saßen an einer Mauer und ich ging auf sie zu.

Wir stellten uns zunächst einmal vor. Es waren Silas und Kilian, welche den Weg als Abenteuer gehen wollten. Nun warteten sie, bis das Pilgerbüro öffnete, sie brauchten nämlich noch ihren Pilgerausweis. Wir unterhielten uns ein wenig. Und mir kamen die zwei total verplant vor. Ich dachte die beiden, wissen gar nicht, auf was sie sich einlassen. Das sah ich schon an Ihrem Outfit. Sie trugen kurze Jeans und Baumwoll T-Shirts. Ich hingegen, hatte von Kopf bis Fuß moderne Funktionskleidung an. Naja, vielleicht, wollen sie ursprünglich pilgern. Ich verabschiedete mich von den beiden, wünschte einen "Buen Camino" (das ist der Pilgergruß auf den Jakobswegen und heißt übersetzt Guten Weg) und ging zielstrebig zum gelben Pfeil, welcher sich direkt vor der Kathedrale befand.

Jetzt war es an der Zeit, die gut eingepackte Muschel aus dem Rucksack zu holen und diese gut sichtbar zu befestigen. Ganz vorsichtig, ging ich an diese Sache heran, denn ich wollte schließlich nicht, dass die Muschel kaputt geht. Es war ein komisches Gefühl. So lange vorbereitet und jetzt gleich mache ich den ersten Schritt auf dem "Camino portugues."

Nun war ich eine "richtige" Jakobuspilgerin.

Den ersten Schritt auf dem Jakobsweg hielt ich mit meinem Camcorder fest. Denn bekanntlich, ist der erste Schritt, der schwerste. Ich ging langsam los. Bei meinen Vorbereitungen hatte ich gelesen, dass der Weg bereits nach dem ersten Schritt ganz schnell zu Ende ist. Und daher habe ich den ersten Schritt gezogen und sehr bewusst gemacht.

Das erste Stück war sehr schön und verlief mitten durch Portos Altstadt. Hier sah man noch den Ursprung der Stadt. Leider waren aber auch viele Häuser sehr heruntergekommen und sahen erbärmlich aus. So nah liegt es beieinander. Die prachtvolle Kathedrale mit ihren riesigen und prunkvollen Figuren und ein paar Meter weiter solch zerfallene Häuser. Wie im richtigen Leben auch. Bereits nach der dritten Wegmarkierung hatte ich mich schon verlaufen. Ich fragte eine ältere Dame nach dem Weg und ziemlich schnell hatte ich den nächsten gelben Pfeil gefunden. "Das fängt ja gut an", dachte ich. Wenn es so weiter geht, mache ich ja das Doppelte an Kilometern, als geplant.

Doch die weitere Wegmarkierungen waren sehr gut und wahrscheinlich war ich so in Gedanken verloren, dass ich einen Pfeil einfach übersehen habe.

Anschließend ging es etwa sieben Kilometer durch Portos Industriegebiet. Nicht sehr schön, aber ich war in den ersten Stunden so in meinen Gedanken vertieft, dass es mir egal war. Für mich waren es die wichtigsten Stunden des Caminos. Mein Kopf war leer, einfach leer. Obwohl ich vorher gedacht habe er sei so voll. Ich sah weit und breit keine weiteren Pilger und genoss diese Ruhe und das alleine Sein in vollen Zügen.

Dann kam ich in den Vorort Portos, Maia. Von hier aus starten die meisten Pilger, die den Weg durch das Land und nicht den Küstenweg nehmen. In der Touristinfo, bekam ich meinen zweiten Stempel.

Dann ging es weiter. Der Weg verlief immer wieder etwas bergauf, vorbei an wunderschönen mit blauen Kacheln verzierten Kirchen und durch kleine Dörfchen.

An einer Laterne fiel mir ein Foto mit einer sehr modernen privaten Herberge auf. Sie hieß Casa da Laura und befand sich in Vilarinho, meinem ersten Etappenziel. Es sah toll aus und da freute ich mich schon richtig auf den "Feierabend". Aber es waren jetzt noch sieben Kilometer und die Sonne knallte, kein Schatten in Sicht und der Schweiß lief.

Landschaftlich war die Strecke bis dorthin ganz anders als ich es mir vorgestellt hatte. Das Einzige was mir auffiel waren die Maisfelder. Rechts, links, vor mir, hinter mir, überall Mais. Außerdem war der Wegbelag alles andere als gut für die Füße, Kopfsteinpflaster soweit das Auge reichte.

Der weitere Weg führte an einer engen Straße entlang. Sie hatte keinen Seitenstreifen und war rechts und links von Mauern bzw. Leitplanken eingeengt. Es war sehr gefährlich, einige Kurven waren gar nicht einzusehen und ich konnte schließlich auch nicht hupen. Die Autofahrer in Portugal hupen nämlich vor einer scharfen Kurve immer. Wenn sie kein Hupen zurückbekommen, geben sie Gas und schneiden die Kurven. Glücklicherweise bin ich aber an einem Sonntag losgelaufen und so hielt sich der Verkehr sich in Grenzen.

Als ich das Ziel meiner ersten Etappe erreicht hatte, setzte ich mich an einen Brunnen, welcher in einem kleinen Park stand. Ich nahm Frederico ab, machte meine Schuhe auf und trank meinen Wasservorrat leer. Auf dem Weg in eine Bar, in der ich nach dem Weg zur Herberge fragen wollte, kamen mir zwei Mädels entgegen.

Sie waren aus Polen und hießen Yvonne und Dagmara. Yvonna sprach deutsch und erklärte mir, dass die Herberge voll sei und sie den Schlüssel für die Notunterkunft hat. Ich kaufte mir noch etwas zu trinken und wir drei machten uns auf den Weg zur Unterkunft. Bis wir diese gefunden hatten, war eine gefühlte Ewigkeit vergangen.

Es war wohl eine alte Schule und in dem Raum standen zwei Stockbetten, es gab eine Kochgelegenheit und ein Waschbecken. Die Matratzen waren ziemlich durchgelegen, sodass wir uns die besten drei aussuchten. Aber es nutzte nichts, ich machte ja schließlich keinen Fünf-Sterne-Urlaub. Die Duschen waren leider auch nur zur Katzenwäsche geeignet. Denn die Duschköpfe, waren so verkalkt, da nur ein winziger Wasserstrahl dort hinaus kam.

Als wir uns und unsere Klamotten gewaschen waren, gingen wir zurück zur Bar und aßen ein Menü bestehend aus einem Kaltgetränk und zwei Riesen-Hot-Dogs, das Ganze für 2,90 Euro. Gesättigt machten wir uns auf den Weg zurück zur Herberge, denn in Vilarinho gab es nichts Besonderes zu sehen.

Ich schrieb noch in mein Tagebuch und wir unterhielten uns. Dann legten wir uns schlafen. Na ja, was man halt so schlafen nennen kann. Die Mücken hatten in dieser Nacht alle Hände voll zu tun, mich von der Nachtruhe abzuhalten, denn ich lag direkt unter dem einzigen Fenster. Aber wenn wir dieses zugemacht hätten, wären wir wahrscheinlich erstickt. Die Betten quietschten und jedes Mal wenn jemand sich drehte waren alle wach.

Wenn das so weitergeht, dann brauche ich nach dem Urlaub noch mal drei Wochen frei um Schlaf nachzuholen, dachte ich mir.

gefährliche Straße Richtung Vilarinho

Kapitel 4 Vilarinho - Rates 11,7 km

Montag 3.September

Um 07.30 Uhr klingelte das Handy von Dagmara. Ich hatte immer gedacht, dass man hier auf dem Weg gar keinen Wecker braucht.

Also standen wir auf, machten uns fertig, schossen noch ein paar Fotos und machten uns zur Bar auf um den Schlüssel abzugeben. Als wir nach dem Preis der Übernachtung fragten, bekamen wir die Antwort, dass die Übernachtung kostenlos gewesen sei. Es war ja nur eine Notunterkunft. Trotzdem entschied ich mich dazu eine Spende abzugeben, denn auch diese Herberge muss sauber und in Stand gehalten werden. – Das wird übrigens alles von Ehrenamtlern am Camino gemacht. –

Wir setzten uns draußen vor die Bar und bestellten uns zum Frühstück wieder diese Riesen Hot Dogs. Dagmara und Yvonna zogen die Rucksäcke auf und wollten los. Da es hier in Vilarinho nicht sehr aufregendes zu sehen gab, entschloss auch ich mich los zu gehen.

Die Straße, welche mich gestern hier her geführt hatte, musste auch heute wieder für 3km gegangen werden. Rechts und links Mauern und der Verkehr schoss an mich vorbei. Frederico musste ich sogar festhalten, da er sonst durch den Windstoß der Autos und LKW weggeweht wäre. Nun bog ich auf eine Schotterpiste ein und bald schon hatte ich die Brücke Ponte do Ave erreicht.

Es war die erste Brücke auf meinem Camino ich blieb stehen und bewunderte die Natur, da fiel mir ein Gecko auf, der eine Wand herauf kroch. Ich beobachtete ihn eine Weile bevor ich meinen Weg fortsetzte. Kurz hinter der Brücke, in einem kleinen Dorf, machte ich in einer Bar eine Pause und schrieb in mein Tagebuch.

Der folgende Abschnitt war sehr schön. Es ging entlang von Maisfeldern durch kleine Orte bergauf bergab. Diese Ruhe war herrlich und ich genoss die Zeit für mich und nahm jeden meiner Schritte ganz genau war. Bei jedem Schritt, spürte ich etwas Besonderes in mir, so etwas wie:

Frei sein

Losgelöst von allen Sorgen

Schweben wie auf Wolken

Einfach GLÜCKLICH und ZUFRIEDEN

Der Weg führte durch einen Eukalyptuswald. Diesen hatte ich mir völlig anders vorgestellt. Es roch verbrannt und ein Dunst lag auf ihm. Eukalyptus Geruch konnte ich leider nicht wahrnehmen. Noch nicht einmal nachdem ich an ein Blatt gerieben hatte und an ihm gerochen habe. Kurze Zeit später, sah ich den Grund. Rechts und links des Weges abgebrannte Bäume und verkohlter Boden. Hier war wohl im August auch der Waldbrand, welcher durch die deutschen Medien ging.

Gestern noch im Fernsehen und so weit weg und heute stehe ich mitten im Geschehen. Die Wucht von dem Feuer und das Ausmaß sah ich voll und ganz und war nur froh, dass es auch hier in Portugal so viele freiwillige Feuerwehrleute gibt.

Auf einem Stein machte ich kurz Pause und legte Gebet für alle Ehrenamtler ein. Da kamen zwei Pilger an mir vorbei und fragten ob bei mir alles in Ordnung sei. Ich sagte alles in Ordnung, wünschte Buen Camino und die beiden zogen an mir vorbei. Auch ich setzte meinen Weg fort:

Am Ende des Waldes, führte der Weg wieder auf eine Hauptstraße. Ich hörte ein knurren und kurze Zeit später sah ich auch den Grund. Ein großer Schäferhund lag mitten auf der Straße. Ich hatte Angst, schaute aber in eine andere Richtung und ging zügig an dem Hund vorbei. Einige Meter später hörte ich eine Hupe von einem LKW. Den Hund aber interessierte auch dieses hupen nicht. Die Straße war sehr gefährlich rechts und links wieder Mauern und sehr viele Kurven. Es war kein vergnügen hier zu gehen und das zur Hauptverkehrszeit.

An einer Bushaltestelle standen 2 Pilgerinnen es waren Yvonna und Dagmara aus der Herberge in Vilarinho. Sie hatten ihre Rucksäcke abgestellt und hielten den Daumen raus. Ihnen war die Straße zu gefährlich und sie wollten trampen. Sie fragten mich ob ich nicht mit fahren wollte aber ich habe mir ja geschworen, außer wenn es meine Gesundheit nicht zulassen würde; zu gehen und nicht zu fahren. Ich verabschiedete mich, wünschte ihnen viel Glück, Buen Camino und setzte den Weg zu Fuß fort.

In einem kleinen Ort, mit dem Namen Arcos, fiel mir wieder eine mit blau-weißen Kacheln verzierte Kirche auf. Ich wollte sie von innen besichtigen, aber leider hatte auch diese geschlossen. Viele der Kirchen auf dem Weg sind verschlossen, da es in Portugal und Spanien zu wenige Pastore und Freiwillige gibt, die sich um offene Kirchen kümmern können.

Außerdem verdienen Pastore in Portugal und Spanien so wenig, dass sie alle noch einen Hauptberuf haben, welchen sie in der Woche ausüben müssen.

Es ging weiter durch Felder und Wälder weiter bis ich kurz vor Rates war. Dort traf der Weg, durch das Landesinnere auf den Weg der Küste. Auf dieser Kreuzung kreuzte mich ein Pilger von der Küste kommend. Er fiel sofort auf, denn seine Beine, Arme und sein Gesicht waren Feuerrot verbrannt. Ich wechselte ein paar Worte mit ihm. Er ging weiter durch den Ort und mich führte der Weg zur Herberge. Ich lief prompt an dieser vorbei und passierte auch schon das Ortsausgangsschild von Rates. ich drehte mich um und ging zurück. Eine Frau in einem Auto fragte ich nach der Albergue de Peregrinos. Wir standen direkt vor ihr.

Wir hatten erst 13.00Uhr die Herberge war verschlossen.

Wo bekomm ich denn jetzt den Schlüssel?

Ich kramte meinen gelben Freund, den Reiseführer raus und schaute nach. Ich konnte ihn in einem kleinen Laden schräg gegenüber der Herberge holen. In dem kleinen Laden bekam ich einen Stempel, eine kurze Einweisung in den Ablauf; den Schlüssel für die Herberge und etwas Kaltes zu trinken. Ich bezahlte meine Übernachtung und ging mit Schlüssel zurück zur Herberge.

Die Türe zu öffnen stellte sich bereits als kleines Hindernis heraus. Aber letztendlich habe ich sie auf bekommen. Der Garten war riesengroß und wunderschön. In ihm stand eine Alte Pilgerglocke und ein kleines Windrad. Außerdem hatte diese Albergue ein eigenes kleines Museum mit Landmaschinen.

Ich probierte sämtliche Türen aus und fand schon bald den Schlafsaal. Moment mal hier gibt es 10 Betten, laut Herbergsliste aber sollen hier mehr als 30 Betten sein. Ich begab mich auf die Suche. Ein paar Stufen hoch und ich wurde fündig. Eine Bibliothek, eine große gut eingerichtete Küche und drei Schlafräume fand ich vor. Das alleine sein, nutzte ich für eine gemütliche Dusche und zum ruhigen waschen der stinkenden Klamotten.

Ich telefonierte mit meiner Mutter, sie fragte, ob ich etwas von den aktuellen Waldbränden in Portugal mitbekommen habe. Ich sagte natürlich nein um sie nicht zu beunruhigen.

Ich machte mir ein wenig Sorgen um meinen linken Oberschenkel. Dort hat mich wohl ein Insekt gebissen. Er war ziemlich dick, rot und heiß. Medikamente hatte ich mit aber die wirkten nicht. So entschloss ich mich zum Laden zu gehen um eventuell ein Hausmittel zu bekommen. Ich guckte nach Tomaten, Quark und Zwiebel. Letzteres bekam ich dort auch. An der Kasse, sah mich die Besitzern ein wenig komisch an und erklärte mit Händen und Füßen: "Nur Zwiebel zum essen, ich habe auch Nudeln und Soße!" Ich zeigte meinen Oberschenkel und erklärte ihr, was ich mit der Zwiebel vorhabe. Freundlich schenkte mir die Dame die Zwiebel und wünschte mir gute Besserung. In der Herberge halbierte ich die Zwiebel und hielt sie auf die Stichstelle.

Die Herberge füllte sich langsam und es kamen immer mehr Pilger dort an. ich zeigte ihnen die Schlafräume und duschen und sagte, dass um 2.00 Uhr die Albergue geschlossen wird.

Auf einmal sah ich zwei bekannte Gesichter. Es waren Mone und Sarah. Mone erzählte, dass sie heute irgendwie im

Gefühl hatte, mich hier in Rates zu treffen. Ich habe gar nicht mit den beiden gerechnet, umso mehr freute ich mich darüber sie wieder zu sehen. Die beiden gingen auch erst mal duschen und wuschen ihre Kleidung.

Immer mehr Pilger kamen an um hier zu übernachten, auch sie wies ich in die regeln der Herberge ein.

Gegen 20.00Uhr zog ich mit Sarah und Mone in den ort. Wir hatten gehört, dass wohl heute nur eine Pizzeria hier im Ort offen hat. Alle anderen Restaurants hatten montags geschlossen. Auf den Weg in den Ort, sahen wir Silas und Kilian. Wir machten uns noch lustig, da die beiden in eine ganz andere Richtung als wir liefen. Wir aber waren es, die sich verlaufen hatten. So saßen die beiden Jungs schon in der Pizzeria, als wir dort ankamen. Ebenfalls saßen schon 4 andere Pilger dort. Am Tisch von den beiden Jungs waren noch Plätze frei. wir setzten uns zu ihnen.

Sie erzählten, dass sie heute ab Porto los sind und somit über 30km gelaufen sind. Hinzu kam, dass sie noch einen Umweg in Kauf nehmen mussten. Der Eukalyptuswald, durch den ich am morgen noch gegangen bin, war nachmittags lichterloh am brennen. Der Geruch und der Rauch waren also keine Einbildung kam mir in den Sinn.

Nachdem wir fertig waren mit essen, gingen wir zu dem kleinen Laden und kauften Wein. Mit dem Wein im Gepäck gingen wir zu Herberge und setzten uns in den Garten, welcher schon ziemlich voll war.

Ich habe zu diesem Zeitpunkt im Traum nicht daran gedacht, dass diese Menschen, meine Caminofamilie werden. Es waren Niederländer, Engländer; Spanier; deutsche, eine Ungarin, ein Paar aus USA; Fahrradpilger aus Brasilien und nicht zu vergessen unser Freund Jimmy. Er stellte sich als "Deaf Jim (der taube Jim)" vor und griff dabei zu seinen Hörgeräten um sie anzuschalten. Es war eine sehr lustige Runde. wir erzählten über Gott und die Welt.

Unsere beiden Jungs, Kilian und Silas, fragten in die Runde, was uns dazu bewegt, diesen Weg zu gehen. Die Gründe waren sehr unterschiedlich. Die beiden Jungs z.B. suchten nach einem Abenteuer und wollten nicht wie andere in ihrem Alter nach Mallorca um dort nachts zu feiern und tagsüber zu schlafen. Andere wollten nette Leute, dir portugiesische und spanische Kultur und sich selber kennen lernen. Wieder andere hatten religiöse und persönliche Gründe. Es war sehr schön auch die Gründe der anderen Peregrinos zu erfahren. Für mich war es bereits an diesem Abend sehr vertraut und ich fühlte mich super gut unter den anderen sein zu dürfen und zu können.

Das war für mich Pilgern, Gemeinschaft und das Ziel eines jeden Geh Tages. Gegen 23.00 Uhr löste sich die Runde auf.

Da ich am nächsten Morgen früh starten wollte ohne die anderen zu wecken, packte ich meinen Rucksack fertig und ging ins Bett. Die Nacht war außer dem Straßenlärm sehr angenehm. Vor unserem Fenster nämlich führte die Hauptstraße, auf welcher in dieser Nacht wohl die Rallye da Rates ausgetragen wurde.

Brücke Ponte do Ave

Kapitel 5 Rates – Portela de Tamel 24,4 km

Dienstag 4. September 2012

Heute morgen wollte ich früh los, da es ziemlich heiß werden sollte. Ich nahm meinen fertig gepackten Rucksack und ging auf den Flur.

Und wer lag da auf dem Boden? Es war Silas. Er musste in der Nacht flüchten, da in dem Zimmer, in dem er übernachten sollte, wohl ein Schnarchweltmeister schlief. Silas hatte sich also seine viel zu kurze Yoga-Matte und den Schlafsack geschnappt und schlief im Flur. Ich machte mich fertig, packte den Rucksack, Schuhe an und ab.

Es war gegen 7.00 Uhr und ich genoss den herrlichen Sonnenaufgang. Während ich kurz stehen blieb und einige Fotos machte, kamen mir folgende Gedanken:

Ein Sonnenaufgang ist wie mit dem eben zu vergleichen

Er Himmel ist klar, die Sonne leuchtet rot und geht langsam auf

- ein schöner Tag beginnt!

Der Himmel ist bewölkt die Sonne nicht zu sehen

- ein schlechter Tag !

Heute habe ich Glück, der Himmel ist klar und der Sonnenaufgang verspricht einen schönen Tag.

Mitten auf einem Feldweg fiel mir ein großer Stein auf. Er lag auf einer Mauer und um ihn herum lagen viele kleine Steine. Solche Steingruppen sieht man immer wieder auf dem Camino. Sie werden wohl von Pilgern gebaut und sollen zeigen, dass man sich auf dem richtigen Weg befindet.

Wieder war der Weg geprägt von Mais. Dieser wächst hier sehr gut und es gibt reichlich davon.

Dann erreichte ich einen kleinen Ort Namens Pedra Furada. Der Pfeil ging eigentlich nach links ab, ich jedoch brauchte einen Café con leche und folgte dem Hinweisschild zu einer Bar. Dort war bereits ein Pilger. Ich bestellte den Kaffee, bekam meinen Stempel und setzte mich raus. Da kamen dann auch Jon und Marika, das Ehepaar aus den USA. Wir hatten uns einiges zu erzählen und tauschten unsere bisherigen Eindrücke aus. Als ich den Kaffee ausgetrunken hatte, mein Tagebuch gefüllt und meine Socken trocken waren ging es weiter.

Der Weg führte mich durch Weinberge. Es war einfach traumhaft. Es war still und ich konnte den Geräuschen der Natur lauschen. An einem Friedhof fiel mir ein weißer Schmetterling auf. Schmetterlinge gibt es massenhaft am Weg. Doch dieses war ein besonderer für mich. Ich habe ihn kurzerhand Annelieschen genannt und als meinen persönlichen Schutzengel gesehen.

Der nächste Ort, durch den ich ging, bot mir wieder eine wunderschöne Kirche mit blauen Kacheln. Aber auch hier musste ich mit dem Äußeren vorlieb nehmen, denn sie war verschlossen. Ich machte Fotos und setzte meinen Weg fort, welcher über Kopfsteinpflaster führte. Hier lief es sich nicht sehr gut und meine Füße fingen ziemlich stark an zu brennen.

Doch bald schon hatte ich die erste kleine Stadt des Tages erreicht - Barcelos. Ich musste über eine Brücke laufen und dort stand auch schon der erste bunte Hahn.

Der Hahn ist das Wahrzeichen von Barcelos, denn einer Legende nach wurde ein Pilger auf dem Weg nach Santiago dem Silberdiebstahls beschuldigt und zu Tode verurteilt. Der Pilger wollte noch einmal mit dem Richter sprechen. Als er den Richter besuchte, war er gerade dabei einen gebratenen Hahn zu essen.

Der Pilger sagte, als Beweis meiner Unschuld, wird dieser Hahn wenn ich am Galgen hänge, vom Teller springen und krähen. Der Pilger ging an den Ort seiner Hinrichtung und als er an den Galgen trat, sprang der Hahn vom Teller und krähte. Der Richter sprang auf und stoppte die Hinrichtung. Aus Dankbarkeit kehrte der Pilger später zurück nach Barcelos und stellte dort überall Hähne auf.

An dem ersten bunten Hahn traf ich direkt auch wieder bekannte Gesichter. Es waren August und Anna. Anna war Deutsche August Spanier. Ich fragte, ob die beiden von mir ein Foto machen könnten, was sie selbstverständlich machten. Auch ich machte von den beiden ein paar Fotos. Sie wollten zur Herberge um ihre Rucksäcke dort unterzustellen und fragten ob ich mitkommen wolle. Ich aber wollte ihn durch die Stadt mitnehmen.

Ich ging zum Paço dos Duques de Bragança (Palast des Herzogs von Bragança). Von hier hat man einen super Blick über die Stadt. Heute ist der Palast ein Open Air Archäologisches Museum mit freiem Eintritt. Dort gibt es auch ein Kreuz, das die Geschichte des Galo de Barcelos erzählt. Es ist ein wunderbarer und geheimnisvoller Ort.

Direkt daneben befindet sich die Kirche Matriz, welche auch offen wir. Ich ging natürlich hinein und holte mir einen Stempel. Die Atmosphäre in ihr war einfach unbeschreiblich,

Musik beschallte sie und die Figuren in dem Gotteshaus waren wunderschön. Ich nahm mir ein wenig Zeit der Besinnung.

Leider musste ich diesen Ort wieder verlassen und ging quer durch die Stadt bis zur Kirche Bom Jesus. Eine Kirche, welche komplett rund gebaut und in der alles aus Gold ist. Bezaubernd schön und ganz anders als man Kirchen hierzulande kennt. Doch bevor ich hinein konnte, musste ich eine Stunde überbrücken. Es war Mittag und so setzte ich mich in ein Café und aß eine Kleinigkeit. Direkt neben mir hielt ein Straßenhund Siesta und lag an meinen Füßen.

Ich ging in die Kirche Bom Jesus. Sie wurde gebaut, nachdem man ein Kreuz auf dem Grund des benachbarten Marktplatzes gefunden hatte – das war im Jahr 1504. Hier nutzte ich die Zeit zu einem Gebet und einigen Minuten des Nachdenkens.

Als ich weiterging, lief mir schon wieder ein bekanntes Gesicht über den Weg. Es war ein Niederländer, der genau an diesem Tag Geburtstag hatte. Ich ging zu ihm, gratulierte ihm und wünschte Buen Camino. Ich war froh, als mich der Weg wieder aus der Stadt raus und hinein in die Natur führte. Es war aber leider nur von kurzer Dauer. Bald schon ging es auf einer Asphaltstraße weiter. Immer bergauf. Jetzt war Frederico wieder gefragt. Es war mittags und superheiß. Die Sonne gab wieder ihr bestes. Der Asphalt war so heiß, dass meine Füße fast an ihm kleben blieben. Irgendwie hörte die Steigung nie auf. Dann sah ich ein Schild: Bis zur Albergue noch 2,8 Kilometer.

Ich setzt mich in eine Bushaltestelle, zog meine Schuhe aus und dachte, in einer halben bis dreiviertel Stunde sei ich endlich am Ziel. Also fasste ich mir ein Herz und begab mich wieder zurück auf den Asphalt mit der Steigung. Meine Zeiteinschätzung habe ich aber wohl irgendwie auf dem Weg verloren. Das Ziel kam und kam nicht näher. Irgendwie hatte ich den Zeitsinn wohl auf dem Weg verloren.

Als ich dann die Kirche sah, habe ich vor Freude geschrieen, denn direkt daneben befand sich auch die Herberge. Als ich die Stufen zu ihr hochging, saßen draußen schon einige Pilger - unter anderem auch unser Geburtstagskind. Ich war so froh, dass ich endlich da war. Ich hätte heulen können. Nun war er zum ersten Mal da, der Punkt, den viele Pilger haben

*"Ich möchte nicht mehr! Warum mache ich den Schwachsinn
überhaupt? Ich will nach Hause!"*

Nach der Besichtigung der Herberge und dem Duschen sah die Welt jedoch schon wieder anders aus. Als ich dann noch erfuhr, dass es in der Herberge sogar freies Internet gab, war ich glücklich. Obwohl ich aus dem multimedialen Alltag heraus wollte, tat es gut mal ein paar Worte per Mail nach Hause zu schicken.

Die Herberge war auch wieder gut besucht. Es waren alte und neue Gesichter da. Mit ein paar Pilgern entschloss ich mich, gemeinsam etwas zu essen. Glücklicherweise war direkt gegenüber ein Restaurant. Wir waren so um die zehn Personen. Als wir im Restaurant saßen, kamen auch Silas und Kilian dort an. Sie waren sehr spät los und haben gerade erst die Herberge erreicht. Es war ein sehr bunt gemischter "Haufen".

Es ist schon komisch, den ganzen Tag geht man alleine, oft sieht man keinen, aber abends in den Herbergen findet die

Familie immer wieder zusammen. Ich fand das einfach nur klasse. Mit Händen, Füßen und in allen erdenklichen Sprachen gelang es uns, uns zu verständigen. Wir bestellten etwas zu trinken und die Speisekarten.

Hier habe ich zum ersten Mal auf dem Weg ein Pilgermenü gegessen. Die Vorspeise war eine Kartoffelsuppe bei der ich einen Moment an Oma´s Kartoffelsuppe denken musste. Ja, an zu Hause habe ich oft gedacht. Aber es ging immer ziemlich schnell, bis ich wieder im Hier und Jetzt war und die Gemeinschaft genoss.

Wieder zurück in der Herberge, setzten wir uns raus und redeten noch miteinander. Auch diese Runde war sehr vertraut, als würden wir uns schon seit Ewigkeiten kennen. Kilian, Silas; Anna; August, Uschi aus Ungarn, Jon und Marika und der eine Niederländer, dessen Namen ich leider nicht weiß. Diese Personen hatte ich oft auch unterwegs gesehen bzw. sind mir in den Herbergen aufgefallen. Zwei Pilger jedoch, fielen mir erst an diesem Abend auf. Es waren Henk und Nel - ein Ehepaar aus Holland. Sie waren für mich, wie sich später herausstellte, etwas ganz besonderes.

Nach und nach löste sich die Runde auf und alle gingen wohlverdient schlafen.

Ein Steinberg von Pilgern – diese sieht
man überall am Camino

Kapitel 6 Portela de Tamel – Ponte de Lima 24,3km

Mittwoch 6.September

Die Herberge in Portela de Tamel war so modern eingerichtet, dass ich hier bereits meinen Kaffee getrunken habe, bevor ich diese lange Etappe startete.

Von der Herberge musste ich noch ein kleines Stück bergauf an einer Landstraße entlang, bevor ich in einen Feldweg einbog. Auch an diesem Morgen durfte ich den wundervollen Sonnenaufgang bewundern. Die Stille der Natur und die herrliche Landschaft, ließen mich einfach gehen. Ich spürte meinen Rucksack nicht und schwebte wie auf Wolken. Der Weg hatte mich fest im Griff und es war ein tolles Gefühl.

Kurz hinter Tamel sah eine sehr moderne Kirche mit einer Lautsprecheranlage. Sie war ganz anders als alle anderen Kirchen hier auf dem Camino. Eckig und sehr modern. Eines hatte sie aber mit den anderen gemeinsam, sie war verschlossen.

Etwa einen Kilometer später fing die Kirche an zu läuten. Auch das ist hier in Portugal ganz anders. Es werden nicht nur einzelne Schläge gemacht, um die Uhrzeit anzuzeigen, sondern es werden wunderschöne Melodien geläutet. Mir kam es ein wenig vor wie in Deutschland - das Bayern der Glocken z.B. am tag vor weißen Sonntag: - Bayern heißt, dass die Messdiener auf den Kirchturm gehen und die Glocken abwechselnd manuell schlagen, so dass eine Melodie entsteht. -

Den Klängen zu lauschen war für mich etwas besonderes und intensives Erlebnis. Ich fühlte mich zurück versetzt in meine Jugendzeit als Messdienerin. Für mich war das Bayern immer ein besonderes Erlebnis.

Nun wurde mein Schritt noch leichter und nach etwa zehn Kilometern kam ich an einer Bar vorbei. Ich legte eine Pause ein und ging meinen selbsternannten Pflichten (Schuhe und Strümpfe aus; Beine hochlegen; Cafe con leche trinken; Tagebuch füllen) nach. Als die Füße und Socken getrocknet waren ging ich weiter.

Es ging durch einen Wald. In einiger Entfernung sah ich eine männliche Gestalt ganz langsam die Seiten wechseln. Ich blieb stehen und mir schlotterten die Knie. Den Rucksack zog ich aus und nahm meinen Wanderstock zu Hand. Jetzt bloß keine Angst anmerken lassen, ging mir durch den Kopf. Strammen Schrittes ging ich weiter. Nun ja, die männliche Gestalt, vor der ich Angst hatte, stellte sich als harmloser alter Schäfer mit seiner Herde heraus. Als ich ihn passierte grüßte ich und er wünschte mir Bom Caminho.

Als ich aus dem Wald heraus kam, hörte ich von weitem eine Melodie der Werbung eines Pastaherstellers. Diese sangen wir immer wieder, wenn wir bekannte Gesichter trafen. Dieses Mal wurde sie von Silas und Kilian gesungen. Die beiden hatten einen sehr strammen Schritt drauf und überholten mich. Kurze Zeit später aber, hatte ich sie in ciner Bar wieder eingeholt, in der sie gerade rasteten. Ich hatte aber in meinem gelben Freund gelesen, dass es wohl wenige Kilometer später einen ganz besonderen Platz für eine Pause gab und so lief ich an dem Café vorbei.

Die Brücke Ponte das Tabuas hatte ich schnell erreicht. Es war ein sehr schöner Ort um innezuhalten und so setzte ich mich in den Sand am Ufer und lauschte der Natur.

Viele Geschichten aus meinem bisherigen Leben und des bisherigen Weges liefen wie ein Film an mir vorbei. Ich merkte gar nicht, wie schnell die Zeit vergangen war. Ich war ganz weggetreten, aber leider musste ich diesen idyllischen Ort wieder verlassen. Schweren Herzens ging ich weiter.

Unterwegs lief mir eine Schnecke über den Weg. Irgendwie hatte ich etwas mit ihr gemeinsam, denn ich ging auch nicht sehr schnell. Für mich war es ein wichtiges Gebot, langsam zu gehen, denn nur wer langsam geht, kann die Natur in ihrer ganzen Schönheit bewundern und wahrnehmen.

Jakobus meinte es im Bezug auf das Wetter heute wieder ganz besonders gut. Der Himmel war blau, keine Wolke zu sehen und die Sonne strahlte. Mein Strohhut hatte heute viel Arbeit meinen ganzen Schweiß aufzunehmen

Ich ging durch etliche kleine Dörfer mit wundervollen gekachelten Kirchen. Wahnsinn wie christlich die Menschen hier in diesem Land sind. Da sollten sich viele Deutsche mal eine Scheibe von abschneiden.

Mitten im Nichts sah ich ein Haus. Es war umrahmt von einer Mauer. An dieser hingen unzählige Jakobsmuscheln. Wie ich später erfuhr, war dort eine Pilgerunterkunft. Auch hier zeigt sich wieder die grandiose Gastfreundlichkeit entlang des Caminos.

Ich hörte Musik aus weiter Entfernung. Sie dröhnte aus Lautsprechern und es liefen ganz viele Lieder durcheinander.

Was ich zu diesem Zeitpunkt noch nicht wusste, in Ponte de Lima war Fiesta.

Es war gegen 16 Uhr, unglaublich heiß und es gab keinen Schatten. Durst hatte ich und plötzlich merkte ich Schmerzen an meinem rechten Fußknöchel. Er zog hoch bis zum Knie. "Bei der nächsten Gelegenheit mache ich eine Pause", sagte ich mir.

Ich näherte mich einer Stadt und die Musik war nun ganz deutlich zu hören. Als ich das Ufer des Flusses Lima erreichte, traute ich meinen Augen nicht. Es war ein Betrieb wie auf großen deutschen Volksfesten. Hunderte Buden, Fahrgeschäfte und einige Bühnen waren aufgebaut. Alle Bänke am Ufer waren besetzt.

"Da gehe ich extra den Camino, um Ruhe zu haben und dann so etwas. Nicht zu fassen!"

Meine Laune war nicht die allerbeste, als ich in die Tourist Info ging um nach dem Weg zur Herberge zu fragen. Viele denken jetzt bestimmt:

"Die hat doch geschrieben, dass der Weg bestens ausgeschildert ist!"

Ja das ist er auch, nur durch die ganzen Buden und Fahrgeschäfte, konnte man den Pfeilen nicht folgen. Ich ging als über die Brücke von Ponte de Lima. Direkt hinter ihr gab es eine Kirche und irgendwo dahinter sollte die Herberge sein.

Als ich die Brücke überquert hatte, hörte ich einen Countdown von zehn herunter auf eins. Und anschließend Applaus und lautes Jubeln. Ich ging ein wenig weiter und da sah ich auch schon woher dieser Empfang kam.

Die ganze Camino Familie saß gegenüber der Herberge, denn diese öffnete erst um 17 Uhr. Die schlechte Laune, die ich kurz vorher noch hatte, war wie weggeblasen. Ich setzte meinen Rucksack ab und gesellte mich zu ihnen.

Die Wartezeit nutzte ich um meine Eltern anzurufen. Meine Mutter ging ans Telefon und ich sagte ihr, dass ich immer noch keinerlei Blessuren hatte und es hier wunderschön ist.

Nachdem die Albergue öffnete, stellten wir uns in die Schlange, meldeten uns an, bekamen den Stempel und unsere Bettnummern. Hier gab es eine wunderschöne Herberge. Es waren einzelne Bette, mit neuen Matratzen. Zwei Schlafräume, gepflegte sanitäre Anlagen und einen großen Aufenthaltsraum. Der Garten hier war auch wieder sehr schön.

Ich machte mich auf Richtung City. Das Fest war in vollem Gang. Ich setzte mich in ein Café und trank eine "Clara con limon" (ein Radler). Plötzlich standen Henk und Nel vor mir und setzten sich zu mir. Wir fingen an uns zu unterhalten. Sie erzählten aus ihrem Leben und ich aus meinem. Eben waren es noch Fremde jetzt vertraut man ihnen seine komplette Geschichte an. Sie waren Freunde und erinnerten mich sehr an meine Großeltern. Vom Fremden zum Freund, geht sehr schnell auf dem Jakobsweg, wenn man es will.

Ich wollte mir die Stadt aber noch etwas ansehen und dringend etwas gegen Insektenstiche kaufen. Henk und Nel gingen mit mir. Um 20 Uhr gingen wir gemeinsam essen. Die Atmosphäre war, als würden wir uns schon seit Jahren kennen und sehr vertraut. Ganz besondere Menschen, welche ich sehr lieb gewonnen habe.

Gegen 21.30 Uhr gingen wir zurück zur Herberge. In deren Garten saß auch schon der Rest der Caminofamilie. Silas und

Kilian, fingen an unsere Pilgermelodie zu singen und kamen zu dem Entschluss, dass mein Strohhut einen Namen bekommen soll: "FREDERICO" tauften die beiden nun meinen Hut mit einem Bad in einem kleinen Teich im Herbergsgarten. Die ganze Caminofamilie wurde zu Taufpaten ernannt. Unsere Gespräche drehten sich an diesem Abend um Themen wie Religion und Taufe.

Ich schaute mir noch meinen gelben Freund an und musste feststellen, dass morgen eine sehr steile und anstrengende Etappe vor mir liegt. Ich sagte so vor mich hin.

"Nee, ich fahre morgen mit dem Taxi, ich bin doch nicht bekloppt und quäle mich. Nachher passiert dir was und du liegst dort mitten im Wald und wirst nie wieder gefunden!"

Silas hatte wohl etwas davon verstanden. Er kam auf mich zu und fragte, ob es nicht eigentlich morgen meine wichtigste Etappe auf dem Camino sei. Ich hatte nämlich vorher von meinem Stein erzählt, welchen ich am Cruz dos Frances ablegen wollte. Ich sagte:

"Ja ich weiß, dass ich es gesagt habe, aber ich schaffe es nicht. Mein Fuß tut weh und ich habe zu wenig Kondition für diese Etappe!"

Auch die Anderen mischten sich nun in unser Gespräch ein. Sie streckten mir ihre Hände entgegen und sagten gemeinsam:

"Wenn du morgen Abend um sieben Uhr noch nicht in der Herberge bist, dann machen wir uns alle gemeinsam auf um dich zu suchen!"

Das war ein Angebot, welches ich nicht ausschlagen konnte.

Ich ging ins Bett und dachte noch eine Weile nach. Einschlafen konnte ich wegen des offenen Fensters und der Musik von dem Fest ohnehin nicht. Es war ziemlich unruhig im Schlafsaal. In dem anderen Saal waren wohl noch sehr viele Betten frei und da dieser auf der anderen Seite des Gebäudes lag und wesentlich ruhiger war, zogen viele Pilger noch um. Ich beschloss auch, das Zimmer zu wechseln. Nel und Henk waren auch schon umgezogen und wünschten mir eine Gute Nacht und viel Kraft für die nächste Etappe. Ich dankte den Beiden, wünschte auch ihnen eine ruhige Nacht und benutzte zum ersten Mal meine Ohrenstöpsel.

Brücke Ponte das Tabuas

Kapitel 7 Ponte de Lima – Rubiaes 17,1km

Donnerstag 6.September 2012

Die Nacht war furchtbar laut und ich habe sehr schlecht geschlafen.

Um 6.00Uhr bin ich bereits aufgestanden, machte mich fertig und zog gegen 7.00Uhr los.

Leider gab es hier in der Herberge keinen Getränkeautomaten so konnte ich mich nicht stärken für diese Etappe. Ponte de Lima musste noch durchquert werden, bevor mich der Weg in ein Waldstück führte. Es sah ein wenig aus wie im Schwarzwald. Der frühe Morgendunst, verschleierte die Landschaft. Die Luft lag voll mit Düften der Natur und die Vögel lieferten ein Konzert der besonderen Art. Trotz dieser Schönheit der Natur, kam ich schlecht vorwärts. Alles genießen konnte ich leider nicht, da meine Gedanken und meine Angst schon bei der Steigung waren, welche heute vor mir liegt. Ponte de Lima befindet sich nämlich fast auf Meereshöhe. Das Cruz dos Frances jedoch liegt bei ca. 480m über dem Meer.

Zweieinhalb Stunden war ich bereits unterwegs und ich bekam Kaffeedurst. Ich hielt ein Stoßgebet zum Hl. Jakobus und wünschte mir eine Bar. Vor meiner Reise, hatte mir eine Bekannte erzählt, die selber schon zweimal den Camino Frances gegangen war, dass wenn man etwas Dringendes auf dem Weg benötigt und zum Hl. Jakobus spricht, dieses wahr wird.

Und siehe da auch bei mir hat es funktioniert. Mitten in dem Wald, befand sich eine Fischzucht mit Bar. Ich war nicht die erste, denn Silas, Kilian und Jose (ein spanischer Pilger) saßen bereits dort. Als sie mich sahen, waren sie sehr froh. Alle drei hatten nämlich Angst, dass ich doch heute ein Taxi nehmen würde. Ich setzte mich zu ihnen. Kurze Zeit später, brachen die drei auf. Doch zuvor erinnerten sie mich noch an unsere Vereinbarung, dass sie mich persönlich holen kommen, wenn ich abends nicht die Herberge erreiche. Ein gegenseitiges Buen Camino, unsere Pilgermelodie und ich war alleine.

Das beobachten der Fische im Teich, diese Ruhe, der Duft der Natur und mein Kaffee, ließen meine Angst verschwinden und gaben mir Kraft, weiter zu gehen.

Doch bereits ein paar Kilometer später, wünschte ich mir eine Bushaltestelle oder ein Taxi. Hauptsache irgendetwas, was mich nach Rubiaes zur Herberge bringt. Wieder hielt ich ein Stoßgebet. Dieses Mal jedoch blieb der Erfolg aus. Im Nach hinein war ich sehr glücklich darüber.

Die Beschaffenheit des Weges änderte sich schlagartig. Eben noch auf einem gut begehbaren Waldweg, jetzt inmitten von großen Steinen und Geröll. Am Rande des Weges fiel mir ein Brunnen auf. Bereits jetzt war die Hitze schon fast unerträglich. Ich füllte meinen Wasservorrat auf und trank noch aus dem Brunnen, bevor ich weiterging.

Langsam ging es bergauf auf Geröll und unfestem Boden. Der schweiß rannte an meinem Gesicht herunter.

Immer wieder nahm ich Frederico und wedelte mir frische Luft zu. Es wurde steiler und steiler. der Rucksack riss mich immer wieder nach hinten. Ich musste oft stehen bleiben um Luft zu holen. Plötzlich habe ich meinen Stand nicht kontrolliert, ich wollte weiter und rutschte aus. Zum Glück lag links von mir ein großer Stein, den ich zum abstützen nehmen konnte.

Die Steigung hörte und hörte nicht auf. Inmitten dieser, fing ich aus heiterem Himmel an zu heulen. ich heulte wie ein Schlosshund. Mein Tuch, welches ich eigentlich als Kopftuch nehmen wollte, diente mir jetzt als "Schnurztuch". Ich schmiss meinen Rucksack auf die Erde, legte mich daneben und heulte weiter.

Ich bin am Ende. Bis hier hin und nicht weiter. Meine Kraft war am Ende und ich konnte einfach nicht mehr. Hier war der perfekte Ort zum sterben. In einer Lichtung in einem Gebüsch, sah ich schon ein Holzkreuz mit meinem Namen. Die letzten 29 Jahre liefen wie ein Film an mir vorbei und ich war bereit zum sterben. Ich unterhielt mich im Gebet mit meiner verstorbenen Oma. Jetzt bin ich ganz nah bei dir. Noch näher als sonst. Bitte erlöse mich und hole mich zu Dir dort da wo Du jetzt bist. Ein bedrückendes Gefühl. Angst, Verzweiflung, Erschöpfung, Trauer, Hoffnung und doch den Willen weiterzugehen.

Nach ca. einer Stunde halte ich mich beruhigt und ich lebte zum Glück noch. Ich dachte an Kilian, Silas und die anderen, die mir gestern noch gut zugeredet hatten. Mein Willen, Santiago zu erreichen, siegte und ich ging weiter.

Noch nicht einmal fünfzig Meter später stand ich vor dem Cruz dos Frances. Dem Pilgerkreuz, an dem die meisten Peregrinos (Pilger) einen Stein ablegen, als Symbol sich von ihren Bedrückungen und anderen "Päckchen" die sie mitschleppen, zu befreien. Dieses Kreuz, war für mich ein wichtiges Symbol und ein sehr bedeutender Platz auf meinem Jakobsweg. Auch ich legte meinen Stein ab, den ich auf meiner letzten Kevelaerwallfahrt mitgenommen habe. In der Zeit zwischen Kevelaer und dem Camino, nahm ich den Stein oft in meine Hände um meine Sorgen, Ängste aber auch frohe Botschaften in ihm abzulegen. Besonders oft, nahm ich ihn in die Hand, wenn ich an Oma denken musste. Ich hielt ihn einfach fest und weinte. Er half mir zu trauern. Mit dem Stein hier am Cruz dos Frances, wollte ich auch ein wenig meiner Trauer lassen.

Meine Oma, werde ich immer in meinem Herzen haben, aber ich habe gelernt, mit dem erlebten und vor allem mit dem Verlust umzugehen. Es hat zehn lange Jahre gebraucht, aber jetzt habe ich die Trauer im Griff. Ein dicker Kloß ist hier geblieben und diesen musste ich nicht weiter schleppen.

Ich nutzte diesen wunderbaren Ort für ein Gebet. Das Kreuz war zwar erreicht, der Gipfel des Berges aber noch nicht. Es ging weiter steil bergauf über Geröll. Und das in der prallen Mittagshitze. Ich merkte, dass mein Wasser leer war. Nein bitte nicht das jetzt auch noch. Ich befand mich Gefühlsmäßig in einem absoluten Loch.

Der steinige Geröllweg, mündete auf einen gut begehbaren Waldweg. hier wurde es zum Glück gerade. ich ging durch eine Kurve und plötzlich hörte ich meinen Namen.

Ich drehte mich um, und sah in einiger Entfernung Henk und Nel. – In diesem Moment die Engel auf Erden.-

Der Weg gibt Dir das, was Du brauchst!

Die beiden lagen im Schatten auf dem Gipfel. Ich eilte zu ihnen umarmte beide und wir weinten. Dieses Mal waren es aber Freudentränen. Wir haben das schlimmste Stück geschafft. Henk bot mir Wasser an, welches er hier oben an einem Brunnen kurz vorher geholt hatte. Ein Liter ohne abzusetzen wurde sofort von mir getrunken, bevor ich mich auf den Boden legte.

In dieser Mittagshitze weiterzugehen, wäre alles andere als gut gewesen. Ich hielt Siesta und bin tief und fest eingeschlafen. Nel weckte mich auf, denn die beiden wollten weiter. Sie machten sich aber Sorgen, dass ich hier oben alleine bleiben würde und ich sollte mit ihnen gehen.

Die beiden gingen aber allein, da ich noch ein Weilchen für mich haben wollte. Ich genoss die Aussicht hier oben vom Gipfel hinunter nach Rubiaes, dem nächsten Herbergsziel für mich.

Von nun an ging es stetig bergab. Wieder über Geröll und es ging ganz schön in die Knie. Die Landschaft, konnte ich nicht bewundern, da ich jeden einzelnen Schritt verfolgen musste, um nicht umzuknicken. Nach endlos langen fünf Kilometern nur bergab, erreichte ich eine Straße.

Ich folgte dieser nach rechts hinunter, als ich das Ortsschild Rubiaes passierte. In einem Restaurant, fragte ich nach der Herberge. Wie sich heraus stellte, war ich an ihr vorbei gelaufen und musste die Straße wieder hinauf. Auf diese paar Höhenmeter aber kam es sich heute nicht mehr an.

Ich erreichte die Herberge und ging hinein. Verschaffte mir zuerst einen Überblick und sah draußen im Garten einige Pilger sitzen. Ich ging zu ihnen und sie fielen mir um den Hals. Es waren Silas, Kilian, Rose, Henk, Nel; Anna; August, Jon; Marika, Uschi und unsere beiden Engländer Ane und Patrick. Die Caminofamilie war komplett. Wir alle waren so froh uns wieder zu sehen.

Ich war über meine Grenzen hinausgegangen. Bin über meinen eigenen Schatten gesprungen, aber ich habe es geschafft und es war mir wichtig es zu schaffen. Das Gefühl war unbeschreiblich. Ich war stolz und am Ende meiner Kräfte. Hier in der Herberge, mit meinen neuen FREUNDEN, aber wusste ich, dass ich schnell neue Kraft für die nächste Etappe tanken kann.

Wie neu geboren, fühlte ich mich bereits nach der Dusche. Ich wusch noch meine Wäsche und bekam ziemlich Hunger. Die anderen waren zwischenzeitlich alle ausgeflogen und so machte ich mich die Straße hinunter zu dem Restaurant. Hier gab es Pilgermenü, genau das richtige nach diesem Tag. ich ging hinein und setzte mich zu Jon und Marika. Die beiden hatten schon gegessen, leisteten mir aber noch Gesellschaft.

Am Nachbarstisch, saß ein Pilger aus Süd Korea. Er hatte sich intensiv mit dem Gastwirt unterhalten. wir aber haben nicht viel verstanden, nur, dass er wohl schon ziemlich lange unterwegs sei und nun in Richtung Fatima geht. Nachdem ich mich mit dem 3 Gang Menü gestärkt hatte, machten wir uns auf zurück zur Herberge.

Draußen hatten die anderen eine Riesentafel aufgebaut. Sie hatten sich entschlossen, gemeinsam Spaghetti zu kochen und waren gerade beim essen.

Wir drei reihten unsere Stühle ein. In unseren Gesprächen stellten wir fest, dass es wohl in dieser Konstalation, der letzte gemeinsame Abend sein wird. Denn so unterschiedlich die Pilgermotive waren, so unterschiedlich war auch die zur Verfügung stehende Zeit. Wir tauschten alle unsere Mail Adressen au, damit wir weiterhin Kontakt zueinander halten können.

Der Pilger aus Süd Korea, gesellte sich zu uns. Wir stellten ihm viele Fragen. Er war bereits im Februar losgegangen und zwar in Istanbul. Ist durch viele Länder gegangen und hatte heute genau 4466 Kilometer zurückgelegt. Alles zu Fuß. Er ging jetzt bis Fatima danach eventuell noch bis Lissabon, bevor er am 28. Oktober die heimreise antrat. Sein Gepäck wog ca. 36Kg. Also mehr als dreimal so viel als mein Rucksack.

Erzählt wurde viel und wir feierten unseren bisherigen Camino. Um 22.00Uhr kam der Herbergsvater um abzuschließen.

Die Verabschiedung fiel an diesem letzten Abend in Portugal groß aus denn wir wussten nicht, ob wir uns noch mal sehen werden. Es flossen Tränen, von jedem. Der Grund war bei mir Traurigkeit. Diese "fremden" waren meine Camino Familie. Jung Alt, groß klein, dick, dünn, aus Deutschland, Holland, England, Spanien; Ungarn, USA aber alle mit einem Ziel.

Sie gaben mir halt, an ihren Schultern konnte ich anlehnen, sie gaben mir Mut nicht aufzugeben und zogen mich mit.

An dieser Stelle ein großes DANKESCHÖN.

Cruz dos Frances

Kapitel 8 Rubiaes (Portugal) – Tui (Spanien) 19,3km

Freitag 7.September 2012

Meine Motivation am heutigen Tag loszugehen, war nicht sehr groß. Die Strapazen der letzten Etappe saßen noch tief in meinen Knochen.

Aber es ging mir körperlich gut und konnte froh sein, dass ich noch keine großen Blessuren hatte und gesund war, also zog ich gegen sieben Uhr los.

Das erste Stück ging es auf einer Straße bergab bis ich in einen Feldweg einbog, welcher wieder etwas Besonderes zu bieten hatte. Über mir waren Weinreben leider waren dessen Trauben noch nicht zum Verzehr geeignet. Dennoch hatte ich das Gefühl, durch ein Schlaraffenland zu gehen. Das satte grün der Reben, vertrieb schnell den grauen Dunst des Morgens. Annelieschen, der kleine weiße Schmetterling, war wieder an meiner Seite Ich schimpfte ein bisschen mit ihr.

"Gestern auf dieser anstrengen Etappe, warst du nicht zu sehen, obwohl ich dich dort hätte brauchen können! Aber irgendwie warst du ja doch da und hast mich beschützt. Sonst wäre ich nie in der Herberge angekommen. DANKE!"

Auch heute genoss ich die Ruhe um in mich zu gehen. Ein Thema, welches mich heute beschäftigte war, dass ich heute Portugal verlassen werde um in Spanien weiterzugehen.

Was wird der Unterschied sein? Sind die Menschen dort genauso freundlich wie hier? Wie sieht die Landschaft aus? Habe ich schon wirklich über die Hälfte des Weges geschafft?

Viele Fragen gingen mir durch den Kopf.

Als ich diesen schönen Weg verlassen musste, kam eine Bar. Dort saß schon Uschi aus Ungarn um zu frühstücken. Ich bestellte mir wie immer einen Cafe con leche und unterhielt mich mit ihr. Uschi ging weiter und ich verweilte noch ein bisschen.

Auch ich setzte kurze Zeit später meinen Weg fort. Gut begehbarer Weg mit sehr schönen besonderen Abschnitten. Das satte grün der Weinberge, die Maiskolben in ihrer vollen Pracht, das schimmern der Baumspitzen vor strahlend blauem Himmel, die kleinen Blumen am Wegesrand und nicht zu vergessen die Millionen von kleinen Steinen auf dem Weg. Alles etwas Besonderes für einen Pilger,.

Überall am Wegesrand lagen Steine von Pilgern und auf dem Weg gab es sogar kleine Pilgerkunstwerke und Grüße von anderen. Da kam mir der Gedanke, der mich schon eine Weile zuvor beschäftigte. Ich dachte darüber nach, wie viele Menschen vor mir diesen Weg schon gegangen sind. Es waren viele und diese hatten auch ihre Spuren dort gelassen egal in welcher Darstellung auch immer. An jeder Stelle auf diesem Weg, konnte man, wenn man es denn wollte, irgendwelche Zeichen, dieser langen Pilgergeschichte sehen.

Was mögen diese Pilger erlebt haben? Hatten sie nette Beglei-tungen bzw. Freunde gefunden? Haben sie Santiago erreicht? Wenn dieser Weg erzählen könnte, das wäre herrlich!

Ich war schon durch viele Orte gegangen, aber der nächste Ort durch den ich ging war ein besonderer. Hier sah ich eine Waschstelle. Das sind überdachte Brunnen aus Stein, an de-nen die Einwohner ihre Wäsche waschen. Drei portugiesische Frauen, waren gerade dabei Wäsche zu waschen. Ich konnte mir vorstellen, wie viel Kraft die Frauen dafür brauchen, denn jeden Abend in den Herbergen, musste auch ich meine Wäsche von Hand waschen.

Hier bei uns, gibt es Waschmaschinen und Trockner, wir leben in einer Luxuswelt. Das ist mir in diesem Moment wie-der so richtig bewusst geworden. In diesem kleinen Ort in Portugal jedoch, gab es Armut und die Menschen mussten unter den einfachsten Umständen leben. Aber sie waren glücklich und voller Lebensmut.

Auch ich hatte mir vor meiner Reise geschworen, in der Ein-fachheit zu leben und nur das nötigste zu haben was ein Mensch zum Leben braucht, denn dieses wichtigste kann kein Mensch auf dieser Welt mit Geld kaufen. Und mit dem, was ich in meinem Rucksack hatte, lebte ich zufrieden und Glücklich.

Ich blieb noch eine Zeit lang stehen und beobachte die Frauen, sie erzählten laut und lachten die ganze Zeit. Sie wünschten mir noch einen guten Weg und ich ging weiter.

Die Bars auf dem Weg, in welche ich eingetreten war, wa-ren nicht mehr zählbar und deren Namen konnte ich mir nicht merken. Eine Bar, an die ich mich noch sehr gut erinnern kann, war TOTOBOLA E TOTOLOTO. So stand es auf der Markise. Auch hier gönnte ich mir etwas zu trinken.

Auf einmal wurde es ziemlich laut. Vier Pilger, welche sich nachher als Hildegard, Georg, Rosi und Georg vorstellten, kamen auf die Bar zu. Die Frauen waren sehr laut am gackern. Ich saß an meinem Tisch und sie stellten ihre Rucksäcke vor meine Füße. Ich passte auf und sie gingen in die Bar, um etwas zu kaufen. Nach dem Einkauf, packten sie ihre Rucksäcke wieder und gingen weiter.

Auch ich setzte meinen Weg fort. Kurze Zeit später, passierte ich wieder einen Friedhof mit einer Kirche. Ich hatte Glück, denn diese hatte offen. Ich ging hinein und staunte. Die Kirchen, welche ich bis hier hin besucht hatte, waren bezaubernd. Viele Figuren, wunderschöne Fenster und sehr viel Gold. Sehr gepflegt und irgendwie lebendiger als die Kirchen bei uns in Deutschland.

Schnell hatte ich Valenca erreicht. Die letzte Stadt in Portugal durch die mich die gelben Pfeile wiesen.

Wie ich in meinem gelben Freund gelesen hatte, lohnte sich ein Abstecher zur Altstadt. Da ich sehr gut vorangekommen war und mein nächstes Etappenziel nur noch vier Kilometer entfernt lag, machte ich den Abstecher. Die Stadt war wirklich sehenswert. Hier hätte ich in jedem Geschäft etwas gefunden, aber der Rucksack ist voll.

Übrigens Rucksack. Am Anfang des Weges, störte mich dieses Ding auf dem Rücken, er war schwer und hinderlich. Doch nach jedem schritt und jeder Last, welche ich auf dem Weg habe fallen lassen, wurde auch der Rucksack leichter. Er wurde zu meinem Freund und wuchs mit mir zusammen.

Ich sah die internationale Brücke und mir wurde klar, dass ich in wenigen Metern zwei Länder bereisen werde.

Ich als Kind eines Grenzortes war das eigentlich gewohnt. Diese Überquerung der Brücke und das verlassen von Portugal und das betreten von Spanien, aber war wieder ein besonderer Punkt auf dem Weg.

Kurz vor der Brücke, traf ich Uschi, Rose und Sonja. Wir nutzen die zeit noch für gemeinsame Bilder am Länderschild von Portugal und betraten zusammen die Brücke. Wir gingen ganz langsam dort rüber und blieben oft stehen um Fotos zu machen. Sonja, die unter Höhenangst leidet, tat mir richtig leid. Wir anderen aber halfen ihr, denn auf dem Weg hilft jeder jedem.

In Spanien angekommen, machten wir auch wieder Fotos vom Länderschild. Sonja und ich, hatten ein gemeinsames Gehtempo und wir gingen gemeinsam in die Stadt TUI. Wir mussten hoch zu Kathedrale, denn hier irgendwo ist die Herberge. Als wir vor der Kathedrale standen, hatte uns irgendwie der gelbe Pfeil verlassen.

In einer Information jedoch, beschrieb man uns den Weg zur Unterkunft. Diese befand sich in einem ganz alten Gemäuer und die Atmosphäre dort, war fantastisch. Wir bezogen unsere Betten, gingen duschen und säuberten unsere Klamotten. Sonja und ich machten sich gemeinsam auf in die Stadt.

Ich suchte einen Laden, indem ich Postkarten kaufen konnte, denn ich hatte erst vier an meine Schwester geschickt und ich sollte ja mindestens zehn schicken. Leider war dieses nicht überall möglich, da die Orte oft sehr klein waren. Am heutigen Tag jedoch hatte ich Glück.

Mit den Postkarten in der Tasche suchten wir nach einem netten Lokal um etwas zu trinken. Wir gingen eine kleine Straße hoch und was sahen wir - dort saß schon unsere Familie (Kilian, Silas, Henk, Nel, Ane, Patrick, Anna, August, Jon und Marika),

Die Freude war riesig, da wir gestern noch dachten wir würden uns nie mehr treffen. Wir saßen in einer großen Runde und tranken ein Bierchen, ein Weinchen oder eine Clara (Radler).

Um 20.30Uhr verspürten wir alle einen kleinen Hunger. Da die einen Tapas und die anderen lieber Pizza essen wollten, trennten sich unsere Wege.

Nach dem essen jedoch, fanden wir uns wieder gemeinsam im Garten der Herberge ein und ließen den Tag gemeinsam ausklingen. Die Runde löste sich auf. Ich sah auf die Uhr und sagte:

"Was ist denn mit euch los, wir haben doch erst 21.00Uhr!"

Alle fingen an zu lachen. ich schaute sie ein wenig verdutzt an und wusste nicht warum sie alle lachten. ich fragte nach und bekam zur Antwort:

"Du hast wohl vergessen, deine Uhr eine Stunde vor zu stellen, du hast Portugiesische Zeit."

Jetzt lachte auch ich uns stellte meine Uhr richtig.

Wir wünschten uns eine gute Nacht und gingen schlafen.

Sicht von der internationalen Brücke nach Spanien

oben sieht man die Kathedrale von Tui

Kapitel 9 Tui – O Porrinho 15,7km

Samstag 8. September 2012

Bevor ich heute losgehen konnte, musste ich noch meine Wäsche von der Leine nehmen. Eigentlich bräuchte ich das nicht zu erwähnen, aber hierbei bemerkte ich, dass es noch sehr dunkel ist. Ja klar die Zeitumstellung.

Ich ließ mir also Zeit bis zum ersten Schritt auf dem Camino heute. An einem Kloster mitten in Tui, musste ich durch einen Tunnel. Ein bisschen mulmig war mir zumute. Keine Menschenseele in den Gassen. Keine Bar hatte geöffnet und es war sehr frisch an diesem morgen.

Was mir an diesem ersten Morgen in Spanien sofort auffiel, waren die alten Kornspeicher, welche für Spanien typisch sind. Außerdem, gab es nicht nur die Zeitumstellung. Auch die Wegmarkierungen waren hier anders als in Portugal. Anstelle der gelben Pfeile, gab es nun Steine mit Kilometerangaben bis Santiago und gelben Muscheln, auf blauem Grund.

Meine Müdigkeit und Erschöpftheit, saß mir ziemlich in den Knochen. Hinzu die Kälte. Kein schönes Laufgefühl. Bald aber schon war ich wieder so beeindruckt von den Bauwerken und der Natur des Weges, dass es wieder fast von alleine lief.

Schneller als gedacht, passierte die so genannte Fieberbrücke (Ponte das Fevres). Der Name hat eine Geschichte. Und zwar ist hier an diesem Ort, im zwölften Jahrhundert der Pilger San Telmo, welcher sich bereits auf der Rückreise von Santiago befand, an Fiber erkrankt und daran verstorben. Als Erinnerung an diesem Pilger, wurde diese Brücke Fieberbrücke genannt und ein Kreuz aufgestellt.

Dieser Ort hatte etwas Magisches für mich. ich legte meinen Rucksack ab, zog die Schuhe aus und setzte mich auf den Boden. Zwei Pilger passierten den Ort, schossen ein paar Fotos und zogen weiter. Das Kreuz die Brücke und die alten Steine. Der arme Pilger. Nimmt die ganzen Strapazen in Kauf und kann nach seiner Rückkehr nicht einmal von seinen Erlebnissen erzählen. Er hat seine Familie nie mehr gesehen. Och er zog sofort ein ins himmlische Reich. Denn jeder, der auf dem Jakobsweg stirbt, werden alle Sünden vergeben, sagt man unter Pilgern. Mich zog es weiter und ich verließ diesen geheimnisvollen, Geschichtsprägenden Ort.

Hindurch durch einen wunderschönen Wald, kam es mir in den Sinn zu singen und so trillerte ich vor mich hin. Wenn mich da jemand gehört hätte der hätte mich wahrscheinlich als total durchgedreht gehalten. Außerdem nutzte ich meinen Wanderstock als Tambostab um mir selber den Takt zu geben. Aber ich war wohl nicht alleine, denn plötzlich hörte ich von hinten Karnevalslieder. Es war eine Gruppe von 4 Männern die mich sahen und anfingen mitzusingen. Wir hatten viel Freude.

Hier auf diesem Weg, lagen Freude und Leid so nah beieinander. Nicht nur in den Dörfern, nein auch in meinem Kopf. Eben noch Tränen der Trauer, jetzt Tränen der Freude. Alles was passiert, es passiert und lässt sich nicht planen.

Geplant war auch nicht meine nächste Pause. Ich sah eine kleine winzige Bar am Straßenrand und wollte eigentlich dort vorbeigehen. Aus irgendeinem Grund jedoch, trat ich ein und erlebte folgendes:

Ich setzte mich an einem Tisch, direkt neben mir, plätscherte ein kleiner aus Kacheln erstellter Brunnen. Eine Person saß bereits in dem Cafe. Der Mann sah ein wenig aus, wie ich mir Jesus immer vorstelle. Er hatte einen langen Bart, lange Haare, trug ein Pilgergewand und Sandalen. Ich grüßte mit einem Ola. Er sprach mich auf Deutsch an. Es war ein Bayer, leider kenne ich seinen Namen nicht. Er war von Santiago aus gestartet und war nun auf dem Weg nach Fatima.

Er ging also den Weg - rückwärts-. als er aufbrach, zog er zuerst seinen Rucksack auf den Rücken und verließ das Cafe. Draußen sah ich ihm zu, wie er sich ein riesengroßes, massives Holzkreuz, mit Hilfe von Spanngurten vor den Bauch befestigte. Das Kreuz war größer, als der Pilger.

Da musste ich einen Moment an meinen Vater denken.

Als ich 6 Jahre alt war, gingen meine Eltern das erste Mal nach Kevelaer. Damals fragte ich meine Oma, warum meine Eltern dieses machen und sie erzählte mir alles über das pilgern. Als meine Eltern nach Hause kamen, trug mein Vater das Kreuz und ging vorne als erster. Ich fragte ihn, warum denn er auch noch das Kreuz trägt.

"Jesus hat früher auch das Kreuz tragen müssen." antwortete er. " Bist du denn jetzt auch Jesus?" fragte ich ihn. "Nicht direkt Jesus aber mit dem Zeichen, dass ich das Kreuz trage, möchte ich zum Ausdruck bringen, dass ich gerne auch die Last der anderen auf mich nehme!"

Genau an diese Worte musste ich denken. Ich fand es sehr beeindruckend. Und genoss dieses plätschern des Brunnen. Ich wollte eigentlich gar nicht weiter aber es lagen noch etliche Kilometer vor mir.

Schmerzlich trennte ich mich vom Brunnen, spannte meinen Rucksack auf und betrat wieder den Camino.

Nach einem sehr schönen Weg, begann der schlimmste Abschnitt, ungefähr sieben Kilometer durch ein Industriegebiet. Kein Schatten links und rechts, eine gerade Straße und Motorenlärm. Ich fing wieder an zu singen und so ging es einigermaßen schnell, bis ich das Ende der lange geraden erreichte. An dessen Ende, stand auch wieder ein Wegweiser mit Kilometerangabe.

99,405 Kilometer bis Santiago.

Jetzt darf bloß nichts dazwischen kommen wie z.B. Blasen oder sonstige Krankheiten. Die letzten 100km muss man nämlich gehen, sonst erhält man keine Compostela (Pilgerurkunde).

Ich musste über eine Metallbrücke um auf eine Hauptstraße zu gelangen. An dieser war auch schon der nächste Rast. In einer Bar saß eine Pilgerin, welche ich ein paar Tage vorher schon einmal gesehen hatte. Ich fragte ob ich mich zu ihr setzten darf. Wir unterhielten uns und stellten fest, dass sie aus Bernterode kam.

Da fragte ich aus welchem? Sie schaute mich verdutzt an und fragte woher ich denn weis, dass es zwei Bernterode gibt. Ich erklärte ihr, dass mein Vater mal durch die Feuerwehr einen Austausch mit der Feuerwehr Bernterode hatte und wir selber auch schon öfter dort waren. Es stellte sich heraus, dass Maria (so heißt die Pilgerin) und unsere Bekannten sich sogar kennen. So klein ist die Welt. Maria musste weiter denn sie war nicht sehr gut zu Fuß, da sie eine Hüft OP hinter sich hatte und sehr langsam war.

Gegen 15.30 Uhr machte auch ich mich wieder auf. die Socken. Es waren nun noch ca. fünf Kilometer bis zur Herberge. Als ich an dieser ankam, saß Sonja schon davor. Ich bezog erst einmal mein Bett und ging duschen.

Anschließend sind Sonja und ich in die Stadt. zum essen gegangen. Als wir wieder in der Herberge waren, haben wir uns noch etwas raus gesetzt und ich habe Tagebuch geschrieben. Dort war auch eine spanische Jugendgruppe, welche ich schon im Industriegebiet getroffen habe. Sie sangen spanische heitere Lieder. Obwohl ich nicht wusste, was ich da singe, grölte ich laut den Refrain mit

Um 22.00Uhr mussten wir wieder rein denn die Herberge wurde zu gemacht. Wir setzten uns in die Sessel und erzählten noch etwas mit vier deutschen, welche wir auch immer mal gesehen hatten unter ihnen auch Steffi, die ich von nun an bis Santiago jeden Tag getroffen habe.

Gegen 23.00Uhr löste sich die Runde auf und ich ging ins Bett.

Die Fieberbrücke mit Gedenkkreuz

Kapitel 10 O Porrino - Redondela 15,8km

Sonntag 9.September 2012

Heute konnte ich, bevor ich los ging wieder in der Herberge meine Kaffee zu mir nehmen.

Als ich aus der Herberge heraus kam, traute ich meinen Augen nicht. Der Himmel war grau und es nieselte. So zog ich meine Jacke an und Frederico schützte mich an diesem morgen zum ersten Mal vor dem Wasser von oben.

Die Stadt O Porrinho hatte an diesem morgen den besonderen Reiz, einer Stadt im morgengrauen mit leichtem Nieseln. Ich dachte an einen Spruch, denn ich schon oft von meinen Eltern und Großeltern gehört habe, der da lautet:

"Wenn Engel reisen, lacht der Himmel oder weint Freudentränen!"

Für mich war der Niesel also ein Zeichen der Freude des Himmels und ich empfand die Tropfen auf meiner Haut als Beschützer und nicht als störend. Ich habe mich niemals zuvor, so über Nieselregen gefreut wie an diesem Morgen. Die Natur brauchte die Feuchtigkeit. Sie war ein Geschenk des Himmels.

Entlang einer Dorfstraße führte mich der Weg nun immer steiler berauf, bevor ich den nächsten Ort Mos erreichte. Ich lief auf einer Bar zu, welche aber leider geschlossen hatte. Direkt daneben, gab es eine Kirche und hier traf ich die vier Pilger, welche ich auch in der Bar TOTOBOLA E TOTOLOTO getroffen hatte. Sie waren auch auf der Suche nach Kaffee.

- Unterwegs, wenn ich die vier traf, erzählte Rosi immer, sie hätte eine Kaffeemaschine in ihrem Rucksack und diese aber leider soeben wieder eingepackt. Es führte natürlich zur Aufmunterung und die vier mussten nun damit leben, dass ich sie ab sofort "Die Kaffeemaschinenpilger" nannte. -

Eine spanische Dame, schüttelte gerade die Betten aus und sah uns dort verzweifelt stehen. Sie zeigte in Richtung Ortskern und gab uns zu verstehen, dass es dort eine weitere Bar gab. Weiter ging es also bergauf. Nach ein paar Metern, erreichte ich die Bar, welche sich direkt gegenüber der kleinen Herberge befand. Die Besitzern, war gleichzeitig Herbergsmutter. Nach einer Banane und einem Cafe con leche Grande, ging es weiter. Immer bergauf über Asphalt und Kopfsteinpflaster. Sehr anstrengend und Kraft zehrend. Doch die Kondition die sich auf dem Weg aufgebaut hatte, konnte ich jetzt gut merken. Es ging leichter als noch auf der ersten Etappe.

Der Himmel riss auf und die Sonne kam zum Vorschein. Es wurde wieder ziemlich warm und Frederico musste den Schweiß wieder aufhalten, damit er nicht in meine Augen floss.

Nun ging es weiter durch Wald. Eben noch steil bergauf, ging es nun steil bergab. Das ziehen in meinem Knöchel begann wieder und ich legte eine Zwangspause ein. Nein bitte nicht so kurz vor dem Ziel, kam mir in den Sinn. Ich sprühte mein Bein mit Eisspray ein und führte meinen Weg fort.

Auch heute, am zweiten Tag in Spanien, fielen mir einige Unterschiede zu Portugal auf. Auch hier gab es viele kleine Kirchen, welche baulich ganz anders als die portugiesischen waren.

Hier hatte man Steinbauten, welche nicht so schön mit Kacheln verziert waren. Auch die Natur sah ein wenig anders aus. Die Felder waren kleiner aber auch überwiegend mit Mais bewirtschaftet. Was in Portugal überall die Heiligenbilder aus Kacheln waren, waren es hier kleine Wegkreuze und Kapellen am Wegesrand. Anders und dennoch schön und sehr interessant.

Es gab wieder Weinberge und Weinreben durch die ich hindurch ging. Die spanische Gruppe, die gestern auch in der Herberge waren, überholte mich gut gelaunt und trillerte wieder spanische Lieder. Es war Sonntag und ich war auf den letzten einhundert Kilometern vor Santiago. Das merkte man. Es waren viel mehr Pilger unterwegs, denn hier ist es üblich am Wochenende zu pilgern als Familienausflug und zur Entspannung.

Mir ging es wieder nicht sehr gut und ich merkte, wie mein Kreislauf anfing ein wenig schlapp zu machen. Mitten im Weinberg, legte ich mich auf den Boden und meine Beine auf den Rucksack. ich trank ein süßes Getränk, welches ich zum Glück immer als Notreserve im Rucksack hatte. Kurze Zeit später ging ich weiter.

Ich hörte auf dem Weg Musik. Musik ist in meinem Leben ein wichtiger Begleiter geworden. Selber spiele ich Gitarre und zu jedem meiner Gefühle, habe ich bestimmte Lieder die ich höre bzw. selber spiele und singe. Jetzt war mir nach kirchlicher Musik. Ich habe jedes Lied mitgesungen. ganz in *Gehdanken*, kam ich an mein Etappenziel.

 Ich ging zur Herberge, checkte ein und führte meine Ritualien durch.

Wir hatten erst 14.00Uhr und so hielt ich noch ein wenig Siesta auf meinem Bett.

Die Herberge hier war wieder sehr groß und hatte viele Betten. Früher gab es hier wohl Männer und Frauen getrennt, was heute nicht mehr der Fall war. Doch die Betten, waren ziemlich instabil und quietschten bei jeder Drehung.

Nach kurzem Ausruhen, rief ich meine Mama an. Die Anrufe waren mir wichtig, denn ich wollte sie beruhigen und ihr meine Freude und meine Gefühle mitteilen. Jedes mal, wenn ich mit ihr telefonierte, merkte ich, dass sie erleichtert war, dass es mir so gut ging. Doch an diesem Tag war es anders. Sie hörte sich irgendwie bedrückt an. Ich fragte nach, ob alles ok sei und sie antwortete "Ja, alles in Ordnung bei uns!" Ich legte auf und dachte noch einen Moment über das Telefonat nach.

Da kam Sonja auf mich zu und fragte mich, ob ich mit ihr in die Stadt gehen wollte. Aus meinem gelben Freund wusste ich, dass es hier wohl eine besondere Kirche gibt. Wir zwei machten uns also auf. Ziel war die Kirche Igreja de Santiago. Das besondere an ihr, ist ihr rundes Fenster, welches viele Pilgermuscheln und Jakobuskreuze zeigt. Leider war die Kirche zu und wir mussten uns mit Fotos von außen zufrieden geben. So konnten wir leider das Fenster nicht in seiner vollen Schönheit genießen.

Ich bekam Hunger und sagte zu Sonja ich brauche eine Kleinigkeit zu essen. Na ja zum Mittag war es zu spät und zum Abend zu früh. Aber ich hatte beim gang durch den Ort, hin zur Herberge, einen kleinen Imbiss gesehen. Wir gingen dort hin und ich bestellte mir einen Hamburger.

Es war ein Riese und zusätzlich bekamen wir noch Paella zum probieren. Pupe satt gingen wir zurück Richtung Albergue. Es gab einige Restaurants und Bars in der Umgebung. Sonja und ich setzten uns in eine Bar und bestellten Getränke. Ich war so in unser Gespräch vertieft, dass ich zuerst gar nicht unsere Pilgermelodie wahrnahm. Erst als Mone und Sarah direkt vor uns standen, habe ich sie bemerkt. Die Wiedersehensfreude war groß.

Ein wenig verdutzt fragte ich die beiden, was sie denn hier schon wollen, denn die beiden hatten mehr Zeit als ich und wollten diese auch genießen und kürzere Etappen gehen. Mone erzählte von Sarahs kleinem Unfall. Sie wollte Profifotos von der internationalen Brücke machen und stürzte in einen Dornenbusch. Ihre Beine und der linke Arm waren ziemlich böse aufgeratscht. Nach diesem Schock mussten sie erst mal etwas pausieren und sie fuhren dann ein Stück mit dem Bus.

Unsere Runde wurde größer, da sich auch die jugendlichen Spanier in der Bar eingefunden hatten. Sie sangen zusammen mit dem Wirt spanische Lieder. ihre Stimmung breitete sich auch auf uns aus. Auch wir fingen an zu singen.

Sarah erzählte noch, dass sie in der Herberge schon gearbeitet habe. Sie habe die Betten zusammengebunden, da sie Angst hatte die Nacht damit umzukippen.

Und schon wieder Zeit zur Herberge zu gehen. Wir verabschiedeten uns und gingen zu unseren Betten. Es stellte sich heraus, dass Sarah über mir schlief, und es auch mein Bett war, welches so wackelte.

Wir erzählten noch ein bisschen bevor wir einschliefen.

Fenster der Kirche Igreja de Santiago

Kapitel 11 Redondela - Pontevedra 17,1km

Montag 10.September 2012

Ich wachte auf, weil mein rechts Bein ziemlich schmerz-te. Kurz habe ich daran gezweifelt, dass ich die noch knapp 90 Kilometer bis Santiago schaffe.

Aber zum Glück siegte auch hier mein Wille das Ziel zu er-reichen und zwar auf meinen Füßen.

Ich machte mich fertig und verlies die Herberge und steu-erte das erste Cafe direkt gegenüber an. Hier trank ich mei-nen berühmten Cafe con leche. Diese Bar, war bei den Ein-heimischen wohl sehr beliebt. Viele Spanier, tranken hier ih-ren Kaffee und ihren Schnaps bevor sie arbeiten fuhren. Es hat ein lautstarker Wortaustausch zwischen den Gästen statt-gefunden, was aber für Südländer typisch ist.

Ich beobachte das Geschehen ca. 1 Stunde und brach auf.

Redondela, ist ein kleines Städtchen, welches durch ihre stolzen Attraktionen, den schon von weiten sichtbaren Via-dukten, ein fast urbanes Flair hat. Eins dieser Viadukte muss-te ich auch an diesem Tag unterqueren. Es war ein grandioses Panorama an diesem noch dämmernden Morgen. Es kam mir vor wie in einem Märchen. In einer anderen Welt. In Trance. Ein unbeschreibbares Gefühl.

Der Weg führte über Teerstraßen hinaus aus der Stadt auf einen kleinen Pfad. Dieser ging stetig bergauf. Auf ca. 155m. Ich musste eine Bahnterasse überqueren und der Weg führte an einem Wald entlang.

Bergauf hatte ich meine Probleme. Ich ging langsam und gleichmäßig und hatte meinen Rhythmus. Auf einmal wurde es mir ein bisschen schummrig. Ich legte meinen Rucksack ab, und machte eine Pause. Zuerst der Fuß und jetzt das.

Auf dem weg kommt man an seine Grenzen, wichtig ist, dass man selber den Mut und den Willen hat, über diese Grenzen hinaus zu gehen. Und unter diesem Motto zog auch ich weiter.

Ich kam vorbei an einer alten Ruine. Es handelte sich hierbei wohl um eine alte Pilgerherberge von Malaposta, wie ich in meinem gelben Freund las. Ich hatte den höchsten Punkt erreicht. Der Anstieg wurde mit einer wundervollen Aussicht auf die Meeresbucht Ria de Vigo belohnt. Ich nutze diesen Platz für eine kurze Rast. Ich schaute den Spiegelbildern im Wasser zu und war für einige Zeit irgendwo im Ich. Es war traumhaft. Ich machte eine kleine Traumreise ganz für mich alleine und nahm meinen Körper ganz bewusst war. Vom kleinen Zeh bis zu den Haarspitzen.

Nach dieser kleinen Meditation, fühlte ich mich wie ein neugeborener Mensch und hatte neue Kraft weiter zu gehen.

Nun ging es über eine alte Römerbrücke und entlang an einen Römerstein. Dieses waren Indizien, dass ich mich wieder auf der alten Römerstraße befand, welche ich schon öfter unterwegs gegangen war. Große Steine lagen auf dem Weg. Es ging berauf. Ein weiteres Indiz für den Römerweg, waren die Radspuren, welche in den Steinen zu erkennen waren.

Wie vor hunderten von Jahren zurück versetzt stellte ich mir vor, hier in einem originalen Pilgergewand von früher zu gehen. Es war bestimmt noch schwerlicher im Mittelalter diesen Weg zu gehen.

Die Ganoven, welche hinter irgendwelchen Ecken lauern konnten. Die Ausrüstung, angefangen von den Schuhen, welche lange nicht so bequem waren wie die heutigen. Man kann es sich gar nicht vorstellen. Obwohl ich mich als Pilgerin auf das nötigste beschränkte, war es im Gegensatz zu früher der große Luxus.

Aber ich war im hier und jetzt. Und der Weg nach oben war steil, steinig und sehr anstrengend. Der Lebensweg eines jeden ist auch oft steinig und steil. Hürden müssen überwunden werde. Kraft wird benötigt nicht nur körperlich sondern auch seelisch. Oft merkte ich auf diesem Weg, dass er mit dem Lebensweg zu vergleichen ist Es gibt Höhen; tiefen; lustige Tage, traurige Tage, Tage an denen man sich fühlt wie auf Wolken und dann dunkle graue Tage an denen man einfach nur seine Ruhe haben möchte. Ruhe, Kraft und Willen, waren die drei Dinge, welche mich auf diesem Weg nach vorne gebracht haben.

Meine Kraft wurde weniger und es ging bergab. Mit meiner Laune genauso wie mit dem Weg. Ich sprach ein Stoßgebet zum Hl. Jakobus und kurze Zeit später, sah ich am Wegesrand ein paar Schilder. Auf denen stand auf Deutsch, Obst; Kaffee; gekühlte Getränke u.s.w. Hier mitten im Nichts.

Einige Pilger saßen dort draußen auf einem Hof. Ich ging hinein und bestellte mir auf Spanisch einen Kaffee. Der Wirt fragte auf perfektem deutsch groß oder klein. Natürlich nahm ich den großen. Auch die "Kaffeemaschinenpilger" und Ane und Patrick aus England saßen dort.

Wir hörten uns die Geschichte des gastfreundlichen Mannes an. Er war Deutscher, hat vor langer Zeit seine heutige Ehefrau kennen gelernt und ist nach Spanien gezogen.

Er beobachte viele Jahre die Pilger die täglich an seinem Haus vorbeigingen und beschloss mit seiner Frau, etwas für die Pilger zu machen. Ich hatte Glück, da er den Kiosk erst vor sechs Wochen geöffnet hatte.

Auf einmal ging er ins Haus und kam ganz stolz mit deutscher Kaffeesahne heraus. das sorgte zur allgemeinen Aufmunterung. Hier wurde eine richtige Oase der Erholung geschaffen, welche wohl ab nächstes Jahr (2013) sogar als kleine Herberge mit 4-6 Betten angeboten wird. Es war ein wundervoller Ort. Ich fühlte mich wie zu Hause.

Eine allein gehende Mitpilgerin kam auf mich zu. Es war Christiane wie sich später herausstellte. Sie hatte ziemlich mit ihren Füßen und Blasen zu kämpfen. Der Wirt und seine Frau kümmerten sich um sie und behandelten die Blasen fachmännisch mit den Worten:

"Das machen wir hier täglich, wir sind ein eingespieltes Team!"

Zum Abschluss gab uns der Wirt noch einen Kaffee aus, bevor ich mich wieder verabschieden musste, da ich weiter gehen wollte. Ich nahm den Rucksack und zog los. Nach ca. einem Kilometer, merkte ich, dass irgendetwas nicht stimmt. Oh nein ich habe FREDERICO vergessen. Also ging ich zurück und die "Kaffeemaschinenpilger" kamen mir mit ihm entgegen.

"Dich ohne Hut, können wir uns gar nicht mehr vorstellen!"

sagten sie und gaben mir FREDERICO zurück. Eine kleine Geste unter Pilgern, über die ich mich sehr freute.

Nach einigen Kilometern entlang von Maisfeldern, kam ich auf die N550. Einer Hauptstraße, welche nach Santiago führt. Ich folgte dieser und nach einem Kilometer war auch schon die Herberge. Sie lag auf einem kleinen Berg und ich lief zuerst an ihr vorbei. Pilger kamen mir entgegen und zeigten in die andere Richtung mit den Worten "Albergue". Ich drehte mich um und sah meine nächste Übernachtungsmöglichkeit.

Ich ging hinein und traute meinen Augen nicht. Sie war pikobello sauber und hatte sogar einen Souveniershop. Mir wurde ein Bett zugeteilt, welches leider oben war. Da ich nicht gerne oben schlafe, fragte ich ob es möglich sei, ein bett unten zu bekommen. Das war gar kein Problem.

Nach meinem Ritual, legte ich mich aufs Bett und hörte Musik. Mir war irgendwie nach Liedern, welche zum Weg passten. Ich hörte My way von Frank Sinatra, mindestens zehnmal. Wieder dachte ich über meine Oma nach. Stellte mir vor, wie sie auf einer Wolke sitzt und mir von dort beim pilgern zuguckt. Ich sah sie vor mir. Stolz wie Oscar mit einem lachen im Gesicht.

"Ach Oma, wenn Du noch bei uns wärst. es hat sich so viel verändert in den letzten zehn Jahren. Oft denke ich an Dich. Ich vermisse Dich und Du bist immer in meinem Herzen!"

Ja ich erzählte mit ihr. Es ist schon komisch, auf was für Ideen man auf diesem Weg kommt. Aber Oma war ja auch ein Grund dafür, dass ich mich auf diesen oft beschwerlichen Weg gemacht habe.

Plötzlich kam Sonja in den Schlafraum, welcher mittlerweile bis aufs letzte Bett voll war. Sie erzählte, dass es noch einen zweiten Raum gibt, in dem sie noch ein Bett gefunden hat.

Während ich mit Sonja erzählte, hörten wir vor dem Fenster unsere Pilgermelodie und kurze Zeit später, standen Mone und Sarah in dem Raum. Sie wollten weitergehen, es aber nicht versäumen sich in der Herberge einen Stempel zu holen und mal einen Blick zu erhaschen, wie es hier aussieht. Genauso schnell wie sie da waren, waren sie auch schon wieder weg.

Ich setzte mich mit Sonja nach draußen und sie erzählte von Birgit, welche sie heute getroffen hat. Auch Birgit kam raus und setzte sich zu uns. Sie erzählte, dass sie heute erst losgegangen war, jetzt bis Santiago geht, dann mit dem Bus zurück nach Porto fährt und anschließend von Porto aus, zu Fuß bis zur Grenze zwischen Portugal und Spanien gehen will.

Ich sagte:

" Das ist aber komisch und ziemlich umständlich."

Aber es gab einen Grund. Eigentlich hatte Birgit vor, mit einer Freundin von Santiago aus nach Porto zu gehen. Also den blauen Pfeilen nach. Nun ist die Freundin aber erkrankt und Birgit hatte Angst alleine zu gehen, da auf dem entgegen gesetztem Weg nicht so viele Pilger unterwegs sind. Sie entschloss sich also für diesen Plan.

Gegen 20.00Uhr gingen wir drei gemeinsam in ein Restaurant direkt gegenüber der Herberge. Wir bekamen die Speisekarte und ich suchte mir ein typisches spanisches essen aus mit Kartoffeln und Gulasch. Leider gab es dieses Gericht laut Kellner nicht. Ich bestellte mir also etwas anderes. Während wir aßen, kam der Koch und brachte uns verschiedene Sachen zum probieren.

Unter anderem ein total leckeres Eintopfgericht. Wir fragten den Koch was das sei. Er holte die Karte und zeigte auf das Gericht, was ich eigentlich essen wollte. Irgendwie klappte es wohl mit dem verstehen nicht so. Naja ich bin trotzdem satt geworden und es hat super geschmeckt.

Als wir bezahlen wollten, kam ein kleines Mädchen an den Tisch und legte dort drei Äpfel und drei Pfirsiche hin. Sie waren für uns und sie hatte das Obst frisch gepflügt. wir bedankten uns und es war rührend wie sie noch sagte "Buen Camino". Kleinigkeiten sind es, die uns fröhlich und glücklich machen. Auch der Koch verabschiedete uns, drückte uns und wünschte uns einen guten Weg.

Zurück in der Herberge, schrieb ich noch Tagebuch, und dachte über den heutigen Weg und die Begegnungen nach. Um 22.00Uhr legte ich mich ins Bett und schlief.

Meeresbucht Ria de Vigo

Kapitel 12 Pontevedra – Caldas des Reyes 19,1km

Dienstag 11.September

Die Herberge in Pontevedra war wieder super und ich konnte sehr gut schlafen. Mit einem Kaffe aus dem Automaten, ging ich los.

Das erste Stück führte mich Richtung Stadt. Ich erreiche schon bald den Platz Glorieta de Compostela. Ich ging in mich und merkte, dass es nicht mehr weit ist bis Santiago, wo ich meine Compostela (Pilgerurkunde bekomme).Ich blieb einen Moment stehen und sah in Richtung eines Gartens. Ich genoss diese Ruhe und die Atmosphäre auf diesem Platz.

Nach einigen Minuten ging ich weiter und bald darauf kam schon der nächste Platz mit dem Namen Praza da Peregrina. Peregrinos werden hier in Spanien und auch in Portugal Pilger genannt. Also hatte auch dieser Platz etwas mit den Pilgern und dem Camino zu tun. Außerdem befand sich an diesem Platz das Sanktuarium der Virxe Peregrina. Es ist das Heiligtum der jungfräulichen Pilgerin, und stellt einer der Hauptattraktionen auf dem Camino Portugues dar. Die Barrokkirche aus dem 18Jh., wurde in einem Grundriss der Jakobusmuschel gebaut.

Leider hatte zu dieser frühen Stunde die Kirche geschlossen. Dennoch machte ich Fotos und lies die Kirche auf mich wirken. Im weitergehen, sah ich auf den Boden und sah kleine blaue Leuchtdioden, welche hier den Pilgern auch in der Dunkelheit den weg weisen.

Es ging immer weiter durch die Stadt, bis ich in einen Waldweg einbog.

Heute war der Weg bis hier hin sehr angenehm zu laufen und ich kam sehr gut vorwärts. Gegen 10.15 Uhr traf ich auf eine Bar, vor der schon mehrere Pilger saßen. Auch ich kehrte ein und trank Kaffee. Ich holte meinen gelben Freund heraus und stellte fest, dass ich bereits zwölf Kilometer zurückgelegt hatte. Mit diesem Wissen, dehnte ich meine Pause etwas aus. Zur allgemeinen Aufmunterung sorgte eine Damentruppe aus den Niederlanden, welche die anderen Pilger mit ihrem lauten lachen ansteckten.

Ich wusste, dass die nächste Herberge in Caldas des Reyes nicht sehr viele Betten hatte und beobachte dass bereits sehr viele Pilger an der Bar vorbei gegangen waren. Das machte mir ein wenig Angst und ich zog meinen Rucksack auf und wollte weiter.

Von weitem hörte ich aber schon wieder unsere Pilgermelodie, Gesungen von Sarah und Mone. Ich wartete noch auf die beiden, wir unterhielten uns noch kurz und ich zog weiter.

Es ging durch kleine Dörfer, wie ich sie hier in Deutschland gar nicht kannte. Die Vorgärten waren so liebevoll gepflanzt. Überall gab es Hunde, welche frei herumliefen. Auf den Straßen trafen sich die Nachbarn und redeten. Sie nehmen sich Zeit für ihre Mitmenschen. Zeit spielt in unserer modernen schnelllebigen Gesellschaft eine große Rolle. Leider jedoch in Bezug auf Termine. Zeit für Mitmenschen nimmt man sich viel zu wenig. Oft weis man gar nicht mehr was links und rechts von einem passiert.

Auch dass ist etwas, was ich von diesem Weg mitgenommen habe. Schenke den Menschen um Dich rum mehr Zeit, denn wenn es zu spät ist, wirst Du dir sagen:

"Hätte ich mal mehr Zeit mit dieser Person gehabt!"

Zu schnell vergeht die Zeit und wir sollten alle jeden Moment im Leben genießen.

Ich ging durch Weinberge und Feldwegen. Dise unberührte Natur diese Musik der Natur die Farben die Windbewegungen. Alles das nimmt man auf diesem Weg intensiv wahr. Die Natur ist wirklich ein Geschenk Gottes, welches wir viel mehr pflegen und hegen sollten.

Nach der schönen Natur, führte der Weg wieder auf eine Schnellstraße, welche ziemlich viel befahren war. Das genaue Gegenteil von eben. Jetzt rauschen die Autos schnell und laut an einem vorbei. Schnell wollte auch ich dieses nicht schöne Wegstück hinter mich bringen. Da kam endlich wieder eine Wegmarkierung, die mich in einen Wald führte.

Plötzlich fing ich an zu grübeln. ich dachte über meine Zukunft nach. Außerdem, hatte ich noch einen Kloß in meinem Bauch. Eine Sache die ich unbedingt verarbeiten musste und auch wollte. Leider trug ich diesen Kloß bis hier mit mir. Ich lies meine Gefühle zu und überlegte. Viele Gedankengänge später hatte ich ein Ergebnis und fühlte mich befreit. Kilo leichter schwebte ich weiter durch den Wald, bevor ich den nächsten Ort erreichte.

Hier setzte ich mich an einem Dorfplatz mit einem Brunnen. ich trank Wasser, ruhte mich ein wenig aus und war überglücklich, für mich persönlich eine Lösung für meinen Kloß gefunden zu haben.

Einige Einheimische kreuzten den Platz. Jeder der dort vorbei kam wünschte mir einen Guten Weg. Die Mittagssonne brannte und mein Ziel war nicht mehr weit. Ich zog weiter durch kleine Dörfer bis ich schließlich Caldas des Reyes erreichte.

Als ich die Stadt betrat, hörte ich "Hallo Sabrina!" Ich sah mich um, und nach ein bisschen suchen, erblickte ich die "Kaffeemaschinenpilger" gemütlich in einer Art Biergarten sitzen. ich grüßte und sagte ich gehe erst mal zu Herberge, vielleicht sehen wir uns ja später.

Als ich die Herberge endlich gefunden habe, hatte ich richtig Glück. Es gab noch genau zwei freie Matratzen auf dem Boden. Besser als gar kein Bett.

Diese Herberge war früher ein Supermarkt es war eine der einfachen Art. Aber Zweckmäßig war sie allemal. Leider war der Kaffeeautomat irgendwie defekt, das einzige was man dort ziehen konnte war Kakao. Also ging ich mit einem solchen vor die Herberge und telefonierte mit zu Hause. Meine Mutter ging ans Telefon und meine Oma war gerade bei ihr zu Besuch. Oma wollte auch mit mir sprechen und wollte vieles wissen und vor allen Dingen, ob es mir gut geht. Mir geht es nicht gut sagte ich zu ihr. Mir geht es SAUGUT ich bin glücklich und ich habe heute einen großen Kloß verloren. Sie wünschte mir noch ein paar schöne Tage und ich legte auf.

Während ich dem kleinen Bach direkt an der Albergue beobachtete, gingen Mone, Sarah und unsere Kanadierinnen über die Brücke.

Sie sahen ziemlich fertig aus und wollten in die Herberge. Leider habe ich ihnen mitgeteilt, dass diese bereits voll ist.

Mone war enttäuscht und rief erstmal in einer Pension an. Irgendwie war es wohl die falsche und so entschlossen die vier in ein nahe gelegenes Hotel zu gehen. Zuvor fragten sie mich aber, ob ich nicht heute Abend gemeinsam mit ihnen essen gehen möchte. Mone kannte das Restaurant direkt neben der Herberge und schlug dieses vor. Wir verabredeten uns für 20.00Uhr dort.

Es war 16 Uhr also hatte ich noch vier Stunden Zeit. Ich ging Richtung Zentrum.

Caldas de Reis war wegen seiner Thermalquellen wohl früher schon sehr beliebt. Die Pilger nutzten diese, um ihre geschundenen Füße und Beine ein bisschen zu pflegen und ihnen etwas Gutes zu tun. Auch ich wollte die Therme nutzen für meine Füße, welche mich die letzten 10 Tage gut getragen haben. Als Dank dafür.

Leider wurden inzwischen Schilder an der Quelle angebracht und es ist verboten die Füße zu baden. Dennoch war es lohnenswert die Quelle zu besuchen.

Besucht habe ich als nächstes die Kirche. Sie hatte geöffnet. Ich ging hinein und bekam dort einen Stempel in meinen Pilgerausweis. Ich bestaunte die Figuren, die sich hier befanden. Mir fielen die unheimlich vielen Marienfiguren auf.

Maria hat in meinem leben eine wichtige Rolle eingenommen, seit dem ich pilgere, Denn wenn ich nach Kevelaer gehe, widme ich Maria drei age und das mache ich gerne. Ich wusste gar nicht, dass es so viele unterschiedliche Darstellungen von ihr gab.

Auch hier in Spanien wird Maria sehr beehrt. Als ich meinen Rundgang abgeschlossen hatte, kniete ich mich in eine Bank und betete. Ich dankte dafür, dass ich es bis hier geschafft habe ohne große Blessuren und bat um weitere "Betreuung" für meine letzten Etappen.

Einige Tränen rannten meinen Wangen hinunter. Als ich so durchgegangen war, wie viele Menschen ich hier getroffen, kennen und auch fast schon lieben gelernt habe, fiel mir auf, dass ich von zwei wichtigen Personen gar keine Adresse hatte. Es stimmte mich traurig denn ich wusste nicht, ob ich diese beiden Henk und Nel, jemals noch mal wieder sehen werde.

Mit vereinten Augen verlies ich diesen wunderbaren Ort. Draußen standen Sonja und Birgit. Wir beschlossen etwas trinken zugehen. Direkt neben der Kirche, saßen die "Kaffeemaschinenpilger" in einem Cafe. Wir setzten uns zu ihnen. ich erzählte, dass ich mich für heute Abend mit Mone und Sarah zum essen verabredet habe. Die anderen waren davon begeistert und entschieden sich, mitzugehen.

So machten wir uns gegen 19.50 Uhr auf dem weg zum Restaurant. wir suchten uns im garten einen Tisch und bestellten etwas zu trinken und die Speisekarten. Leider gab es hier erst um 20.30Uhr essen. Aber das sind wir von den Spaniern ja schon gewohnt.

Es war eine sehr lustige gesellige Runde. Wir sprachen über unsere Erfahrungen des Weges. Jeder erzählte von seinen persönlichen. Als ich an der Reihe war, konnte und wollte ich es den Mitpilgern nicht vorenthalten, welche wichtige Entscheidung ich heute für mich getroffen habe.

Es tat gut darüber mit anderen zu reden und es ihnen mitteilen zu dürfen, was einem auf dem Weg so alles durch den Kopf geht. Man ist nicht alleine.

Wir hörten uns gegenseitig zu und anschließend stießen wir auf das alles an, was uns bedrückte bzw. auf das was es zu feiern gab. Leider war der Abend viel zu schnell vorbei, aber ich musste ja um 22.00Uhr wieder in der Herberge sein. So bezahlten wir wünschten gegenseitig eine gute Nacht und unsere Wege trennten sich.

Mone und Sarah gingen noch mit, da sie extra noch wein gekauft haben. Wir setzten uns vor die Albergue und tranken noch ein Schlückchen. Da kamen auch die vier Männer, die mich beim singen im Wald erwischt haben. Natürlich wurde die Geschichte Mone und Sarah erzählt. Sie sollten schließlich wissen, warum wir lachten.

Punkt 22.00 Uhr kam der Herbergsvater zum abschlie0en. Wir waren aber noch gar nicht müde. So erklärte ein spanisch sprechender Mitpilger ihm die Sachlage und es stellte sich heraus, dass es der Kellner vom Restaurant war und er lies die Türe noch auf, bis er Feierabend hatte.

Nach ungefähr einer Stunde jedoch wurde ich schlagartig müde und ging ins Bett. leider wurde ich in dieser Nacht immer wieder durch die Toilettenspülungen wach und schlief dementsprechend schlecht.

Marienfigur in der Kirche von Caldas des Reyes

Kapitel 13 Caldas de Reis - Padron 18,3km

Mittwoch 12.September 2012

Zum ersten mal auf dem Camino, frühstückte ich heute richtig in dem Restaurant direkt neben der Herberge.

Ich bestellte ein "Menü" bestehend aus, einem Cafe con leche, einem Croissant mit Marmelade und einen Orangensaft Als mein Croissant kam, war ich ein wenig traurig, dass ich nicht schon früher mal richtig gefrühstückt hatte. Denn es war ein Festtagsschmaus. Das Croissant war riesig in Butter und Zucker gebraten und mit Kalorien für den ganzen Tag.

Apropos Kalorien. Ein Nebeneffekt, welcher sich auf den Weg einstellte, war, dass ich jeden Tag an Kondition gewonnen habe und auch merkte, dass wohl ein paar Pfunde purzelten. Dennoch sollte man den Weg nicht als sportliche Herausforderung gehen, denn das ist meines Erachtens nicht der Sinn des Pilgerns, dann nehme ich lieber am Marathon teil.

Die Türe ging auf uns Steffi setzte mich zu mir. Steffi hatte sich inzwischen von ihren anderen drei Begleitern, der sie sich angeschlossen hatte getrennt und ging alleine weiter. Mit vollem Magen und gesättigt startete ich gegen acht Uhr meine heutige Etappe.

Zunächst ging es wieder durch die kleine alte Stadt. Dann sah ich ein Verkehrsschild mit der Aufschrift Santiago 30km. Dieses war jedoch die Kilometer Angabe, wenn man entlang der N550 geht. Man würde zwar Kilometer sparen aber die Natur links liegen lassen.

Dennoch dachte ich für einen Moment daran einfach nur noch entlang der Hauptstraße zu gehen.

Ich hatte aber im Laufe des Weges gehört, dass es wohl auf den letzten 100km einen Kontrollposten des Zivilschutzes gibt. Dort bekommt man wohl einen Stempel und wenn man diesen nicht hat, bekommt man keine Pilgerurkunde.

Nicht alleine aus diesem Grund sondern auch wegen der bezauberten Landschaft, den Einheimischen, den vielen kleinen Kirchen und Kapellen auf dem Weg, folgte ich den gelben Pfeilen bzw. gelben Muscheln auf blauem Grund.

Dann auf dem eigentlichen Weg bereute ich es nicht, dass ich den Umweg in Kauf nehme. Alles war grün, der Morgendunst versetzte auch heute die Landschaft in etwas Besonderes. Es ging hindurch durch Wälder und Felder und durch kleine orte.

In einem Ort gab es am Rand eine Schule. Hier waren in einem Fenster ganz viele Zettel auf denen in allen Sprachen "Gute reise" stand. Auch in Deutsch. Es baute auf und es war eines der kleinen Dinge auf dem Weg die einen aufbauten und glücklich machten.

Zuerst verlief der Weg gerade aber dann kam eine Anhöhe von ca. 140 Höhenmetern. Eine Teerstraße durch einen Wald führte nach oben. Vor mir sah ich die beiden Damen aus Kanada. Sie waren irgendwie süß. Beide um die 60 Jahre und ihre Rucksäcke, waren fast größer als sie. Als ich mich ihnen näherte, fingen sie an mit mir französisch zu reden. Oh Gott mein französisch ist ja noch bescheidener als mein englisch. ich bat die beiden Englisch zu sprechen.

Wir verstanden uns und sie erzählten von sich und ich von mir.

Am Rand eines Ortes, dort wo der Weg in einen Waldweg führte, stand der Zivilschutz. Sie baten um unsere Pilgerausweis und stempelten diese ab. Ich fragte die beiden, ob ich ein Foto machen durfte. Nach dem das Foto gemacht und die Pilgerausweis wieder gut verpackt waren, gingen wir weiter.

Eine der beiden zeigte auf FREDERICO und hielt den Daumen nach oben. Ich dankte für die Geste und erzählte, von seiner "Taufe". Die beiden mussten lachen. Und wir setzten unsere Reise fort.

Leider war mir der Rhythmus der beiden Mädels ein wenig zu langsam und ich setzte mich von den beiden ab.

Der Weg ging wieder etwas steil bergauf. ich wurde von anderen Pilgern überholt und merkte, dass ich eine Rast brauchte. So setzte ich mich mitten in den Wald. In Gedanken fing ich an zu singen es war das Lied

"Einer trage des anderen Last"

von Siegfried Fietz. Ja auch ich hatte einigen Personen versprochen ihre Last mit zu tragen bis Santiago. Ich machte in meinem Kopf einen Plan, welche Lasten ich von Menschen die mir wichtig sind, mitgenommen habe. Es waren einige und ich habe es sehr gerne gemacht.

Aber das Ziel für die Lasten war ja noch nicht erreicht. Mich trennten nun noch ca. 30 Kilometer von Santiago.

Morgen werde ich ankommen. An wen muss ich noch denken, für wen muss ich beten, wen schließe ich in meine Gedanken ein?

Fragen über Fragen die mich hier mitten im Wald beschäftigten. Aber ich nahm mir gerne die Zeit. Denn versprochen ist versprochen. Als ich alle wichtigen Fragen beantwortet habe ging ich weiter.

Ich hörte Gitarrenmusik. Es war herrlich je näher ich kam, umso lauter wurde sie. Am Ende des Waldes befand sich ein überdachter Picknickplatz. An diesem saß ein Mann mit einer Gitarre. Er spielte bezaubernd und voller Hingabe.

Hier saßen auch die "Kaffeemaschinenpilger" und lauschten der Musik. Auch ich machte Stopp. In einer Spielpause, kam ich mit dem Gitarrenspieler ins Gespräch. Er war Niederländer und Herbergsvater. Leider nicht von der Herberge in Padron sondern ca. 5km vor Padron. Er wollte mich unbedingt überreden, mit ihm zu gehen und in "seiner" Herberge zu übernachten. Leider musste ich dieses Angebot absagen, denn es würde bedeuten, dass ich am letzten Tag über 30 Kilometer zurücklegen müsste und es war mir zu viel. Ich fragte ihn, ob ich mal seine Gitarre haben dürfe. Er erlaubte und ich spielte spanische Romanze und schrummelte noch ein wenig, bevor ich weiterging. Er wünschte mir alles Gute.

Der nächste Ort war erreicht. Hier gab es eine Kirche mit anliegendem Friedhof. Auch die "Kaffeemaschinenpilger" standen hier. Georg sagte einen Spruch, denn ich nie vergessen werde und über den ein jeder Mensch einmal nachdenken sollte. Er lautete:

" *Schenke den Lebenden Blumen, denn wenn sie tot sind, können sie nichts mehr damit machen!"*

Ich dachte im Weitergehen noch eine ganze Zeit an diesen Spruch.

Über Asphalt ging es weiter. Übrigens mein Fuß zeigte mir wieder, dass er noch da ist und machte dass mit Schmerzen wieder einmal klar. Endlich hatte ich Padron erreicht. Ich ging über eine Brücke zu Herberge. Diese hatte aber leider gerade Siesta und ich setzte mich davor und wartete. Gegen 15 Uhr - übrigens fast eine Stunde später als auf einem Schild stand - kam eine Dame. Ich checkte ein und ging zum Schlafsaal. Ein großer Raum mit ca. 60 Betten. Auch die spanische Gruppe mit kleinem Gepäck war hier. Es war sehr laut. Leider hatte ich heute ein Bett oben, denn unten waren alle bereits belegt.

Ich versorgte meinen Fuß und ging zu den Sehenswürdigkeiten von Padron. Als erstes war der Brunnen Fuente del Carmen zu besichtigen. Hier ist die Überführung des Hl. Jakobusses dargestellt. In der Nische sieht man die Taufe der Königin Lupa durch den Apostel und steht symbolisch für die Evangelisierung Spaniens. Direkt Schräg gegenüber des Brunnens, steht ein Alter Karren. Dieser soll an den Originalen Karren erinnern, der den Leichnam des Hl. Jakobus von hier aus zum heutigen Santiago brachte.

Das wichtigste jedoch, ist der Pedron. Dieser befindet sich in der Jakobuskirche unter dem Altar. Der Pedron ist ein Stein, welcher früher nahe am Flussufer stand. Zur Zeit der Römer, diente dieser als Altar, an dem sowohl Menschen als auch Tieropfer gebracht wurden. Später jedoch, machte der Legende nach, das Boot mit dem Leichnam des Hl. Jakobus an diesem Stein fest. Ich ging also in die Kirche und suchte den Pedron. Ich betrat den Altarraum, ein Küster machte Licht an und nun stand ich davor.

Ich weinte.

Elf Tage von morgens bis abends auf den Beinen, fremde Menschen sind zu Freunden und Helfern geworden und morgen soll das alles schon vorbei sein?

Ich stand bestimmt eine halbe Stunde vor dem Stein. Tausende Gedanken liefen durch meinen Kopf. Ich kann sie nicht beschreiben. Man muss es erlebt haben. Ich setzte mich noch in eine Bank und schaute mir die Figuren in der Kirche an. Da fiel mir das Weihwasserbecken am Eingang auf. es war in Form einer Muschel. Für mich als Pilger auch aus religiösen Gründen, war Padron ein sehr wichtiger Ort.

Als ich aus der Kirche heraus kam, saßen dort die "Kaffeemaschinenpilger", Sonja und Birgit. Gitti und Klaus, ein Ehepaar aus Deutschland, gesellten sich genau wie ich dazu.

Alle waren sehr beeindruckt von Padron. Selbst die, welche mit Religion nicht viel am Hut hatten, sagten, dass dies für sie ein wichtiger Ort sei. Leider trennten sich unsere Wege. Ich kaufte noch Postkarten und wollte noch zum Santiaguino do Monte, dem Jaköbchen vom Berge. Hier an diesem Ort, hat der Legende nach, der Hl. Jakobus seine erste Predigt gehalten. Doch bevor man diesen Platz erreicht, muss man 114 Stufen ohne Pause hinauf. Denn nur, wer es ohne Pause schafft, wird später in den vollen Genuss der Gnade kommen. Außerdem muss man nach den Stufen noch weiter hinauf.

Es ist schon wirklich komisch. Zuerst wird die erste Predigt hier gehalten und dann macht das Boot mit dem Leichnam hier fest. Der Kreis schließt sich.

Bereits auf halben Weg zu den Treppen, hatte ich Angst es nicht zu schaffen, zumal mein Fuß dick war und wehtat. Naja bevor du es nicht schaffst, bleibst lieber unten, sagte ich zu mir selber und drehte mich um.

Ich traf Sonja und Birgit und wir schlenderten durch die Stadt. Ein Spanier mit einem auffallend blauen Pullover kam auf uns zu und sagte er sei Pedro der Pilgersammler! Pilgersammler? ja er machte von jedem Pilger den er sieht ein Foto mit seinem Handy und mache extra für uns Peregrinos bereits morgens um fünf Uhr seine Bar auf. Auch wir kamen um ein Foto nicht herum. Aber was viel wichtiger war, er zeigte uns Fotos auf denen Silas; Anna; August; Henk und nel zu sehen waren und sagte, dass sie wohl gestern Morgen bei ihm gewesen waren. Sonja und ich wunderten sich, wo den Kilian geblieben sei. ich scherzte und sagte: "Er war bestimmt für kleine Pilger!".

Während wir durch die schöne Stadt liefen, trafen wir Gitti und Klaus. Sie begleiteten uns und wir gingen etwas Wein einkaufen für den letzten Abend in der Herberge.

Wir suchten ein Lokal fürs essen. Wir setzten uns und bald kam auch schon Christiane und setzte sich zu uns.

Sonja stupste mich an und sagte:

"Hör mal Sabrina, kennst du die Melodie?"

Ich sagte ja klar, dass ist unsere Melodie.

Mone und Sarah kamen singend über den Platz auf uns zu und setzten sich. Ich bestellte ein letztes Pilgermenü und natürlich die Spezialität in Padron - Pimientos de Padron. Das sind in Öl gebratene kleine grüne Paprikaschoten, welche nach dem braten mit grobem Salz bestreut werden. Wirklich sehr lecker.

Nach dem Schmaus verabschiedeten wir uns von Mone und Sarah. denn alle außer den beiden, schliefen in der Herberge. Sie wünschten uns einen schönen Finaltag und wir verabredeten uns für Santiago übermorgen, denn Mone und Sarah legten zwischen Padron und Santiago noch einen Stopp ein und kommen erst einen Tag später an.

Wir machten uns auf zur Herberge. Unten in der groß angelegten Küche/Aufenthaltsraum saßen wir noch zusammen und erzählten. Als ich die Treppe hinauf zum Schlafsaal betrat, hörte ich schon, was mich diese Nacht erwachten wird. Ein großes Schnarchkonzert. Ich legte mich auf mein Bett und probierte zu schlafen.

mit diesem Karren, soll der Leichnam des Hl Jakobus von Padron nach Santiago ge-bracht worden sein

Kapitel 16 Padron - Santiago 23,5km

Donnerstag 13. September

Die Nacht war die Hölle. Schnarchen, husten, Gerede, das alles sorgte dafür, dass ich kaum geschlafen habe.

Ich schaute auf die Uhr und stellte fest, wir haben erst fünf. Wacher als mein Körper und ich, waren meine Gedanken an diesem Morgen. Ich dachte an Henk und Nel.

Wo sind sie jetzt? Haben sie es geschafft? sind sie auf dem Heimweg? in welchem Hotel sind sie? Werde ich sie jemals wieder sehen?

Zwei Stunden war ich in Gedanken und ich stand um sieben Uhr auf und machte mich fertig. Ich verlies so schnell ich konnte diese Geräuschkulisse.

Ich ging zu Pedro und bestellte mir einen Kaffee. Plötzlich ging die Türe auf und Klaus, Gitti, Birgit und Christiane kamen hinein. Pedro musste natürlich mit jedem einzelnen noch Fotos machen .Er war so aufgeregt, dass er zuerst das Toast hat verbrennen lassen und anschließend noch das ganze Geschirr von der Theke runter gerissen hatte. Trotzdem machte es ihm gar nichts aus und er war munter und sorgte trotz der frühen Stunde für Spaß.

Wir fragten uns alle, wo Sonja denn sei. Sie hatte sich gestern mit den anderen verabredet. Wir kamen zu Erkenntnis, dass sie wohl schon sehr früh los sei. Birgit hatte nämlich bevor sie los ist nachgeschaut aber von Sonja samt Rucksack keine Spur.

Wir saßen jetzt dort mit insgesamt fünf Pilgern. Elf Tage lang bin ich alleine gelaufen. Heute jedoch war mir danach in einer Gruppe zu gehen. So fragte ich die anderen, ob ich mich ihnen anschließen darf. Selbstverständlich bekam ich zur Antwort. Bevor wir gehen konnten küsste Pedro uns allen auf die Stirn legte seine Hände auf unsere Köpfe und sprach einen spanischen Segensspruch.

Wir machten uns auf. Ein Gefühl, dass ich nie mehr vergessen werde. Ich bin nun auf dem weg, welcher der Karren mit dem Leichnam des Hl. Jakobus vor Tausenden Jahren gefahren ist.

Ein historischer Weg und für mich persönlich der einzig wahre JAKOBUSWEG.

Klaus und ich gingen vor den anderen, denn wir hatten einen strammen Schritt drauf.

Ich wollte ankommen heute am 13.09.2012, dem Geburtstag meiner Mama.

Ein letztes Mal in den Tag hinein gehen.

Obwohl wir zu fünft waren, war es in den ersten Stunden sehr ruhig. Auch der Weg war super. Nette Orte, Wälder, Felder, mein Schmetterling Annelie0chen und Wein. Alles war heute vertreten.

Der Himmel war sehr bedeckt und es war sehr angenehm zum gehen. Birgit erzählte, von ihrem Camino im letzten Jahr. da war sie von Leon aus gegangen. Wir alle fragten sie, welcher Weg denn schöner sei. Sie konnte nicht richtig antworten, da beide Wege sehr unterschiedlich aber schön waren (sind).

Klaus war perfekt ausgestattet mit GPS. Er konnte genau sagen, welchen Rhythmus wir gehen, wie viele Kilometer wir bereits zurückgelegt hatten und wie viele Kilometer es noch bis Santiago sein werden. Das jedoch wollte ich gar nicht wirklich wissen.

Wie schön wäre es, wenn der Weg gerade erst angefangen hätte. heute komme ich an? Nein das kann nicht sein!

Doch es ist so machten mir die anderen verständlich.

Da kam ein Kilometerstein, es war für mich ein besonderer 19.545km stand da drauf. Ich schrie und fing an laut zu singen. Warum bin ich so fröhlich, so fröhlich so fröhlich? Auch die anderen freuten sich.

Es war Zeit für eine Rast. In einem kleinen Ort, wollte ich mich vor eine Kirche setzten. Da kam aber ein Schild mit einem Hinweis auf eine Bar. Also ging ich mit den anderen in die Richtung.

Das Restaurant sah aus wie gehobener Klasse aber wir durften uns trotzdem in den Garten setzten. Wir bestellten uns ein Bierchen und stießen an. das hört sich nach Pferdeschritten an sagte ich und tatsächlich zog eine Gruppe mit Pferden an uns vorbei. Die ersten Pferde, die ich auf dem Camino gesehen habe.

Wir mussten weiter, denn das Ziel war nahe. Es war Mittag und die Sonne knallte. Hindurch durch Wälder; Felder und Weinbergen. der nächste Höhepunkt der Meilenstein mit der Aufschrift 9,802km. Ich fing an zu weinen und war froh nicht alleine zu sein, denn ich setzte mich vor den Stein und wollte einfach nicht weiter aber die anderen zogen mich einfach mit.

An einem schönen Platz inmitten des Waldes sagte ich zu den anderen ich brauche jetzt doch noch ein bisschen Zeit für mich hier bleibe ich ein wenig und schreibe Tagebuch.

Die anderen akzeptierten, wir verabschiedeten uns und sagten wir sehen uns am Ziel. Das schreiben brachte nichts. das Ziel war so nah und ich musste schon wieder an Henk und Nel denken. Doch nicht nur an sie. Viele Lasten gingen mir durch den Kopf. Jetzt bin ich wieder alleine.

Soll ich mich einfach umdrehen? Schaffe ich die letzten Kilometer noch? was wird mich in Santiago erwarten?

Oh man diese Gedanken diese Fragen es waren so viele. dennoch fühlte ich mich leer, frei und überglücklich.

Es zog mich weiter. Mitten durch einen Wald. Ich sah plötzlich ein Auto und einen Mann. Wieder hatte ich die gleiche Angst wie ein paar Tage zuvor bei dem Schäfer. Aber ich zog strammen Schrittes an dem Mann vorbei und er grüßte freundlich.

Vorbei mit der Ruhe war es dann wieder auf der N550, welche ich bald erreichte. Es ging ein wenig bergauf und nach einer Weile, erreichte ich ein Stadteingangsschild. Es war eine größere Stadt. Ich folgte den gelben Pfeilen und hörte plötzlich meinen Namen Ich drehte mich um und sah die anderen in einer Bar sitzen. Ich ging zu ihnen und wir tranken etwas. Die letzte Pause vor dem Ziel. Wir genossen diese.

Doch jede Pause ist einmal zu Ende. Wir gingen weiter. Aus meinem gelben Freund wusste ich, dass es ca. sechs Kilometer vor Santiago einen Punkt gibt, an dem man zum ersten Mal auf Santiago blicken kann. Dieser lag jedoch ca. 240m hoch.

Wir gingen an einem Waldrand entlang, vorbei an einem E-Werk und erreichten eine Brücke. Birgit zeigte gen Norden und sagte:

"Da ist es, das Ziel Santiago de Compostela"

Wir blieben stehen und machten gegenseitig Fotos. Die Türme der Kathedrale konnte ich dank de Zooms des Fotoapparates sehen.

Der Himmel strahlte und war blau, keine einzige Wolke einfach traumhaft. Welch eine Begrüßung. Ein mulmiges Gefühl von Freude und Traurigkeit machte sich breit.

Naja sechs Kilometer noch. wir stehen auf 240m.ü.M. Santiago liegt ca. 250m.ü.M aber wir müssen erst runter dann wieder rauf. *Oh warum hat man hier nicht einfach eine Brücke gebaut?*

Wir feuerten uns gegenseitig an und gingen weiter. Es ging bergab. Unten angekommen unterquerten wir eine Autobahn und standen vor einem Berg.

Da soll ich hoch? Jetzt nach zwölf Tagen auf den Beinen? Ne das könnt ihr alleine machen!

Sagte ich zu den anderen. Aber sie zogen mich mit. Oben angekommen fragte ich ganz naiv.

Hier ist doch noch nicht Santiago, oder?

doch sagte Birgit. Ich sagte prompt

"Nein das stimmt nicht, wir haben noch kein Stadteingansschild SANTIAGO gesehen. Das steht am Eingang wenn man den Jakobsweg geht! Das gab es in jeder Reportage die ich gesehen habe!"

Birgit sagte hier auf der Seite nicht, das gibt es nur wenn man den Frances geht. Ebenfalls sagte sie, dass wir uns jetzt auf sie verlassen können. Wir brauchen keine Pfeile mehr zu suchen sondern sollen einfach genießen.

Wir errichten eine Hauptstraße.

Ich fühlte mich wie eingesperrt. Der Lärm, die Autos, die hohen Häuser; die vielen Menschen. Nach zwölf Tagen der Einsamkeit Ruhe und in der Natur, ist es ein Schock für mich gewesen.

Unser Schritt wurde immer langsamer. Keiner wollte wo wirklich schon ankommen, dennoch freute ich mich riesig auf den Moment zum ersten Mal vor der Kathedrale zu stehen.

Birgit blieb stehen. "Fotoapparat raus! Wir gehen jetzt über die berühmte Rua Do Franco" Es ist die Straße die bekannt ist wie ein bunter Hund und welche zu Kathedrale führt. Es war eine enge Gasse. rechts und links Souvenirläden und Cafes.

Ich war am Ende fing an zu heulen ja fast schon an zu brüllen. Ich schnappte ziemlich heftig nach Luft ich schlurfte. Da fielen mir auf einmal die "Kaffeemaschinenpilger" um den Hals. Alle weinten, selbst die Männer. Sie sagten bald hast du es geschafft.

Ich sah den ersten Turm und hörte ganz leise einen Dudelsackspieler.

Da kam eine Kurve und plötzlich stand ich auf dem Praza da Obradoiro direkt vor der Kathedrale. Ich heulte heulte schlurzte und schrie. Ich drehte mich mit dem Gesicht zu Kathedrale und schrie ganz laut:

" Nein es ist ein Traum bitte es muss mich jemand aus diesem Traum befreien!"

Ich merkte eine Hand auf meinen Schultern, drehte mich um und traute meinen Augen nicht. Sie standen vor mir, nahmen mich in den Arm und ich habe dreimal ganz laut geschrieen "ICH BIN SO GLÜCKLICH!"

Ja tatsächlich, Henk und Nel standen vor mir. Sie hatten seid morgens halb elf auf mich gewartet. jetzt hatten wir halb fünf. Die beiden hatten genau den gleichen Gedanken wie ich. Sie wollten mich noch einmal sehen.

Die Gefühle in diesem Moment sind unbeschreiblich, Freude; Traurigkeit; Stolz; Erschöpftheit; Müdigkeit; Kraftlos und doch irgendwo voller Kraft. Unbeschreiblich und für mich war spätestens in diesem Moment klar:

"Es gibt keine Zufälle. Alles was in Deinem Leben passiert/passiert ist, ist von ihm geplant und wird von ihm bestimmt! Der Weg gibt dir das, was Du brauchst"

Nun umarmte ich erst mal meine Wegbegleiter der letzten Etappe und bedankte mich bei ihnen. Wir gingen mitten auf den Platz, legten die Rucksäcke ab, zogen Schuhe und Socken aus und ließen das ganze erst einmal auf uns wirken. Diese Emotionen auf diesem Platz sind einfach der Wahnsinn und ich behaupte, nur der der den Weg selber gemacht hat, kann fühlen, was in den Ankommenden abgeht.

Ich hatte mich ein wenig beruhigt und Nel sagte, rufe jetzt zuerst mal deine Mama an. Ich nahm das Handy, wählte die Nummer und meine Mama hob ab.

Ich habe probiert ihr ein Geburtstagslied zu singen doch bereits nach vier Worten, musste es einfach raus. Ich schrie

"Ich habe es geschafft!"

ich fing an zu weinen und meine Mama auch. Ich sagte ich melde mich später noch mal.

Anscheinend habe ich auf dem Weg nicht genug geschwitzt, denn diese Tränenmenge hätte wahrscheinlich einen Eimer voll bekommen.

Henk gab mir seine Mail Adresse mit den Worten"Bevor wir es vergessen!" Ich war glücklich und dachte an alle Menschen die mir Nahe sind und auch an die, die mir von der Wolke zusahen.

Ich griff in meinen Rucksack und holte das dritte Kuvert heraus welches ich vor Beginn der Reise von meiner Schwester bekommen habe.

Zu öffnen bei der Ankunft, stand darauf. Inliegend ein Brief mit den Worten Du hast es geschafft Schwesterherz, ich bin stolz auf dich. Ich war gerührt. Auch jetzt beim schreiben dieser Zeilen, laufen mir die Tränen.

Noch mal nahm ich mein Handy und rief zu Hause an. Meine Mama nahm wieder ab und sagte warte mal, sie stellte den Lautsprecher an und sagte.

"Sag noch mal, was du eben gesagt hast!"

Ich schrie wieder

"Ich bin da! ich stehe vor der Kathedrale von Santiago de Compostela! Ich bin am Ziel meines Weges!"

Ich hörte Applaus und meine Mama sagte noch.

" Es ist das schönste Geschenk, was du mir mach konntest, dass du gesund Santiago erreicht hast, und Deinen Traum verwirklicht hast! Ich bin stolz auf Dich! Genieß die Zeit noch bis zur Heimkehr!"

Ich sagte, sie solle noch schön feiern und legte auf.

Da kam auf einmal Sonja auf uns zu. Sie umarmte uns und erzählte, dass sie wirklich heute Morgen bereits um fünf Uhr los ist, da sie nicht mehr schlafen konnte. Auch sie war überglücklich und happy. In diesem Moment hatte ich aber noch einen Wunsch.

Frische Klamotten und eine Dusche. Zum Glück, hatte ich mein Einzelzimmer bereits vorgebucht. Die anderen mussten sich noch ein Zimmer suchen. Wir verabredeten uns abends wieder auf dem Platz um gemeinsam unsere Ankunft zu feiern.

Ich ging mit Sonja zum "Hotel" denn sie hatte dort auch ein Bett. Ich machte mich schnell frisch und wir gingen zurück in die Stadt.

der erste Blick auf Santiago de   **Compostela**

Kapitel 15 Der Abend in Santiago

Um 18.Uhr versammelten wir uns wieder auf dem Platz vor der Kathedrale. Wir tranken noch etwas und gingen gemeinsam zum Pilgerbüro um unsere lang ersehnte Compostela (Pilgerurkunde) zu holen.

Als wir dort ankamen, stand bereits ein sehr lange Schlange davor, dennoch ging es sehr schnell. Mir wurde komisch zumute, als ich wartete. Ich dachte an alle Erlebnisse der letzten Wochen.

Ja ich habe es wirklich geschafft. 239 Kilometer, zu Fuß, ohne einen Tag Pause, ohne technische Fortbewegungsmittel., alleine und dennoch in der Gemeinschaft. Viele Dinge durfte ich erleben und es war ein "Urlaub" der besonderen Art. Sehr anstrengend für den Körper aber umso erholsamer für den Geist.

Nun war ich an der Reihe. ich legte dem ehrenamtlichen Helfer im blauen T-Shirt meinen Personalausweis und meine Credencial (Pilgerausweis) vor. Er schaute sich beide Dokumente genau an. Sah mich an und sagte aus Scherz:" Du brauchtest aber viel Koffein, oder?" Ich antwortete "Ja es war sehr schön in den Bars auf dem Weg!" Wir beide lachten.

Er neigte den Kopf und füllte die Compostela aus. Er legte sie auf den Tresen und ich sah mir diese genau an. Da viel mir auf, dass dort anstatt Sabrina, Sabrinam stand. Ich wollte reklamieren, denn ein falscher Name das geht ja gar nicht .Der nette Herr aber erklärte mir, dass auf Latein mein Name Sabrinam ist. Ich bat ihm meine Urkunde und die Credencial festzuhalten und schoss noch ein Foto.

Ich ging aus dem Raum und kaufte mir noch eine Schutzhülle für meine Urkunde, damit diese auch heil zu Hause ankommt.

Draußen wartete Birgit auf uns und gratulierte uns allen zur Compostela. Wir gingen zum Pferdebrunnen hinter die Kathedrale. Dort saß ein komplettes Orchester. Welch ein Empfang. Wir stellten uns dort hin und machten mit unseren Urkunden noch ein paar Fotos und genossen die Musik.

Auf einmal spielten die Musiker mein Lied. An Tagen wie diesen. Mir liefen die Tränen, wir stellten uns in eine Reihe und umarmten uns. Auch hier wieder kein Zufall sondern alles geplant?

Nun hatten wir Hunger und suchten nach einem dem Anlass entsprechenden Lokal. Schnell wurden wir fündig. Wir bestellten etwas zu trinken und hatten den Kellner gefragt, ob er deutsch kann. Nein er könne nur spanisch gab er zur Antwort. Er hatte uns wohl veräppelt, denn er brachte uns deutsche Speisekarten und erklärte uns auf bestem deutsch das Gericht des Tages. Es gab Pilgermenü wie aus dem Buch. Bereits nach der Vorspeise war ich satt.

Die Unterhaltung an diesem Abend war sehr angeregt. Wir tauschten unsere Gefühle aus. Es tat sehr gut mit den anderen offen über diese zu erzählen und auch zu erfahren, wie es den anderen erging, als sie Santiago erreicht haben. Es waren sehr emotionale Unterhaltungen, bei denen selbst die stärksten Männer anfingen zu weinen.

Vor dem Lokal saß eine Musikgruppe, welche herrlich spielte. Außerdem wurde ein einheimisches Ritual durchgeführt. In einem großen Kessel wurde ein alkoholisches Getränk gekocht und als es fertig war, wurde ein

Hexentanz veranstaltet. Jeder Gast musste mitmachen. Man konnte genau erkennen, wer ein Pilger war. Denn während des Tanzes musste man in die Hocke gehen und beim hochkommen sah man genau wer Fußpilger war, sie waren viel langsamer als der Rest. Ein wunderschöner Abend neigte sich dem Ende. Die Müdigkeit stieg und die Erschöpftheit siegte. Gegen 23 Uhr ging ich zusammen mit Sonja in unserer Unterkunft.

Ich ging auf mein Zimmer und schrieb Tagebuch. Ich fing an, es von vorne bis zum Schluss zu lesen. Beim lesen hatte ich genau die Bilder der letzten Wochen vor Augen. Ich lag auf meinem Bett und betete. Ich dankte Gott dafür, dass er mir geholfen hat diesen beschwerlichen Weg zu gehen. Außerdem dachte ich an zu Hause und meiner Familie, die mir sehr fehlten. Ich überlegte, ob mich der Weg verändert habe und wie meine Zeit nach dem weg sein wird. Tausende Gedanken gingen mir durch den Kopf.

Um 02.00 habe ich das letzte Mal auf die Uhr gesehen und schlief ein.

Kathedrale in Santiago de Compostela

Kapitel 16 Santiago

Freitag 14.September

Es war eine richtige Wohltat, diese Nacht alleine in einem Zimmer verbracht zu haben.

Ausgeschlafen und dennoch ziemlich matt, mache ich mich auf den Weg in die City. Richtig ungewohnt ohne Rucksack. Irgendwie fehlte er mir, da er zu einem Freund geworden war. Frederico und ich machten sich also auf.

Das erste Ziel für heute, war eine Bar. schnell hatte ich direkt an der Rua do Franco ein nettes Lokal gefunden und setzte mich direkt ans Fenster. Da sah ich auf einmal Christiane zur Türe herein kommen. Sie kam auf mich zu und setzte sich zu mir an den Tisch. Ich sah aus dem Fenster als plötzlich eine Gruppe Pilger an diesem vorbei gingen. Sie sahen ziemlich müde und kaputt aus. Schnell kam mir die Frage in den Kopf, ob auch ich gestern so ausgesehen habe. Ja sagte Christiane, ehrlich gesagt habe ich gestern gedacht, dass Du jeden Moment einen Herzinfarkt bekommst. Knallrot war dein Kopf und du wolltest/konntest gar nicht mehr aufhören zu weinen.

Ja das stimmt geweint habe ich viel. Vielleicht war es auch ein Zeichen, die letzten Dinge in meinem Kopf so auszuspülen und hier in Santiago zu lassen.

Ich wunderte mich, dass zu solch einer frühen Stunde schon so viele Pilger hier ankamen. Da ich aber nicht die ganze Zeit in einem Cafe verbringen wollte, bezahlte ich und suchte den erst besten Souvenirladen.

Ich trat hinein und wusste gar nicht so recht, was ich hier kaufen soll. Fest stand jedoch, dass ich mir ein T-Shirt kaufen möchte. Ich hatte auch schon das passende gefunden und zog es über mein anderes an um zu sehen, ob es überhaupt passt. Christiane schaute mich an und war Feuer und Flamme.

Bei meinen Urlauben in den Jahren zuvor, habe ich immer etwas für meine Lieben zu Hause mitgebracht. Diesesmal jedoch viel es richtig schwer, das sich natürlich alles um den Weg dreht, hier in den Läden. Können die zu hause damit etwas anfangen? Schwer viel mir die Entscheidung aber ich wurde fündig.

Mit einem frischen Shirt und einigen Andenken betrat ich den Platz vor der Kathedrale. Ich setzte mich an einen Steinpfosten und beobachtete die ankommenden Pilger. Ein Pilger fiel mir besonders auf. Er hatte seinen Hund bei sich und beide freuten sich riesig hier endlich angekommen zu sein. Er kam auf mich zu und fragte, ob ich ein Foto machen würde. Selbstverständlich machte ich dieses. Er erzählte, dass er 6 Wochen unterwegs war und den Camino Frances gegangen ist ca. 800Kilometer. Er hat dabei festgestellt, dass ein Vierbeiniger Freund wesentlich mehr Kondition habe als er selber und es trotzdem sehr schwer war zusammen mit einem Hund zu pilgern. Die beiden gingen weg und ich saß alleine dort auf diesem Platz.

Gitti; Klaus; Sonja und Christiane kamen auf mich zu und wir blieben eine Weile dort zusammen sitzen; erzählten und genossen die Atmosphäre.

Ich wusste, dass Mone und Sarah heute ankommen würden und so entschloss ich mich in Rua do franco zu gehen um dort auf sie zu warten.

Nach ca. einer halben Stunde kam Klaus und sagte sie würden schon auf dem Platz sein. Ich antwortete das kann nicht ich hätte sie doch sehen müssen. Also ging ich zurück und wirklich Mone, Sarah und Britta (eine Pilgerin die Mone und Sarah auf dem Weg kennen gelernt haben) waren schon da. wir fielen uns in die Arme und ich fragte, ob sie geflogen seien, da ich sie nicht gesehen habe. Mone antwortete. "Nein wir haben den Eingang vom Camino Frances genommen wegen dem Dudelsackspieler!"

Gemeinsam wollten wir die Pilgermesse besuchen. Um noch einen guten Platz zu ergattern, machten wir uns bereits um 11.00Uhr auf den weg in die Kathedrale. jetzt, schon eine Stunde vor Beginn, bekam man keinen Sitzplatz mehr .Wir gingen trotzdem ganz bis vorne.

Na wer sitzt denn da? Es waren unsere beiden Kanadierinnen. Große Wiedersehensfreude.

Wir stellten uns an die Seite an einen Pfosten, direkt seitlich des Altares.

Ich staunte und wusste gar nicht, wo ich überall hingucken sollte. Nun packte ich meinen Rosenkranz aus, den ich von Deutschland mitgenommen habe. Ich betete ihn und anschließend betete ich noch ein paar persönliche Dinge.

Nun holte ich auch den Schutzengel meiner Oma aus der Tasche und wurde mit ihm von Mone fotografiert.

11.45Uhr eine Nonne betritt den Altarraum. ich hatte bereits in Literatur von ihr gelesen. Sie stimmt die Pilger auf die Messe ein, und übt mit ihnen einige Lieder. Sie stellte sich an den Ambo und fing an zu singen. Ich hatte Gänsehaut. Solch eine klare und bezaubernde Stimme hatte sie.

Schnell konnte auch ich die Lieder mitsingen. Normalerweise singe ich sehr laut aber hier war es anders ich wollte einfach den Gesang genießen. Nun trat eine Dame an den Ambo und sprach irgendetwas Spanisches. Als diese fertig war, ging eine deutsche nach vorne und begrüßte die deutschen und erzählte vom Pilgerstammtisch, welcher nach der Messe stattfindet. Kurzerhand sagte ich zu den anderen, da gehe ich hin.

Punkt 12 Uhr, zwölf Priester betraten unter Orgelmusik den Altarraum. Es wurden zuerst alle Pilger mit Nationalitäten vorgelesen, die heute bzw. gestern Nachmittag hier angekommen sind. Und die Messe begann. Die Messe wurde auf Spanisch und Latein gehalten, dennoch konnte ich ihr folgen. Immer wieder, sorgte die Nonne für Gänsehautfeeling.

Die Messe war am Punkt der Gabenbereitung. Irgendwie konnte ich mir gar nicht vorstellen, dass hier auch jeder eine Hostie bekommen kann. Es wurde aber alles super geregelt. Auch ich ging zur Kommunion um das leib Christi zu empfangen. Es war anders als zu Hause. Ja es war eine Ehre, hier an diesem wichtigen Pilgerort der Christen, die Hl. Kommunion zu bekommen.

Auch während dessen, spielte die monströse Orgel und die Nonne sang. Auf einmal drehte ich mich um und da standen acht Männer in braunen Ornaten. Ich kniff Mone und sagte *"Nein ne, Nein!"*

Tatsächlich gingen sie zum Butafumeiro. Es ist ein riesengroßes Weihrauchfass, welches durch die Querschiffe geschwungen wird, während die Nonne singt und die Orgel spielt.

Der Pastor, legte den Weihrauch auf. Nicht wie wir es kennen mit so kleinen Schaufeln, nein es war eine Riesenschaufel.

Nun gingen die acht Männer zum Seil, an dem das Butafumeiro hängt. Sie mussten sich richtig daran hängen, bevor es einmal in Bewegung war. Ca vier Meter vor mir ging es hin und her. Hin und her ging es auch bei mir im Kopf.

Die ganzen Wochen habe ich mir gewünscht, dass das Weihrauch Fass geschwungen wird. Es wird nämlich nur zu besonderen Anlässen geschwungen. Und jetzt war es Wahrheit und ich durfte es Live erleben.

Es war ein Schauspiel. Übrigens diente früher der Weihrauch dazu, den Duft der Pilger zu decken. Ob es wirklich so stark roch, kann ich nicht sagen, das habe ich vor lauter Aufregung und Freude nicht wahrnehmen können.

Nun neigte die Messe sich dem Ende und ich ging zum Treffpunkt für das Pilgertreffen. Vor der Kathedrale standen bereits zwei Personen mit einem großen Plakat für das deutsche Pilgertreffen. Während ich wartete, kamen auch die Kaffeemaschinenpilger, sie wollten auch daran teilnehmen.

Nach einer kurzen Wartezeit begaben wir uns ins Seminario (Einem Hotel) in einen Raum extra für das Pilgertreffen. Er war sehr schön eingerichtet. In der Mitte lag ein Tuch, auf diesem viele Muscheln, ein Pilgerstab und einige Bücher lagen. Wir setzten uns in einen Kreis und stellten uns gegenseitig vor. Anschließend hatten wir die Zeit, Begegnungen unserer Wege den anderen mitzuteilen. Auch ich erzählte über den Weg und stellte fest, egal welchen Camino man geht, irgendwie sind die meisten Begegnungen und Geschichten miteinander zu vergleichen.

Es war eine sehr lockere Atmosphäre und eine super Gemeinschaft. Eben noch Fremde doch jetzt schon Freunde.

Zum Schluss der Veranstaltung, gab es noch ein gebet für den Tag und einige Leseproben für uns. Es waren sehr schöne texte dabei, einer jedoch gefiel mir auf Anhieb am besten

Nach Santiago wollt ich gehen, Darum bin ich aufgebrochen, aufgebrochen von zuhause. Mit Muschel, Hut und Stab, wie Jakobuspilger gehen. Santiago habe ich erreicht, doch die Sehnsucht bleibt. Sie wächst und wächst, sie treibt mich weiter. So bleibe ich auf dem Weg, mit Jakobus an meiner Seite. Unterwegs zu unserer aller Ziel, in die ewige Heimat.

von Elisabeth Alferink

Als ich diesen Spruch las, dachte ich nach.

Wie wird es sein, wenn ich wieder zu Hause bin? Habe ich Heimweh nach dem Weg? Wie sehe ich die Dinge, über die ich auf dem weg Zeit hatte nachzudenken? Was ändere ich bzw. will ich ändern?

Diese Fragen beschäftigten mich noch eine Weile und ich verblieb noch etwas in de Gemeinschaft.

Als allgemeiner Aufbruch war, ging ich zur Rezeption des Hotels und fragte nach einem Internetzugang, da ich dringend noch meine Bordkarte ausdrucken musste.

Ich hatte Glück und es gab einen öffentlichen PC mit Internet. Zuerst duckte ich mein Reisedokument aus. Dann guckte ich mal nach, ob mein Interview schon online gestellt war. Und siehe da, ich konnte mir mein Interview welches ich vor dem Camino gedreht hatte, ansehen.

Es war ein komisches Gefühl. Da sprach ich noch von dem, was ich erwachten möchte, nun sitze ich in Santiago und weis, was mir der Weg gebracht hat. Ich schaute mir das Video dreimal an. Anschließend schrieb ich noch ein paar Mails und machte mich wieder auf den Weg zur Kathedrale.

Ich ging durch einen langen Gang, welcher zum Ausgang des Hotels führte, als ich im Garten die "Kaffeemaschinenpilger" sitzen sah. Ich ging zu ihnen und setzte mich. Wir unterhielten uns intensiv über den Weg und dem Pilgertreffen. Hildegard fragte mich, was ich von Beruf sei. Ich antwortete.

" Ich bin gelernte Metzgerin und habe eine zweite Ausbildung zur vmtA gemacht. Ich arbeite jetzt in einem Labor und untersuche Fleisch und Wurst."

Alles vier fingen an zu grinsen. Es stellte sich heraus, dass Georg Metzger war und Hildegard Fleischerei Fachverkäuferin. Hinzu kam noch, dass Rosi den gleichen Beruf hatte wie meine Mama. Jetzt wussten wir auch, warum wir uns auf Anhieb so gut verstanden haben.

Wir tranken zusammen noch einen Wein und ich machte mich auf, da ich noch eine wichtige Sache zu erledigen hatte. Bevor wir uns verabschiedeten, tauschten wir noch unsere Mail Adressen aus und machten noch ein Gruppenfoto. Ich dankte den vieren, für die herzliche Aufnahme und die Freude, die wir zusammen hatten. der Abschied war sehr herzlich und unvergesslich.

Ich ging zur Kathedrale, zog Frederico vom Kopf und ging hinein. Ich staunte auch jetzt obwohl ich die Kathedrale ja schon gesehen hatte. Ich suchte zuerst den Eingang um den Hl. Jakobus zu umarmen.

Auch das ist ein altes Pilgerritual. wenn man in Santiago angekommen ist, betritt man die Kathedrale, steigt zur Jakobus Figur auf umarmt ihn von hinten und küsst ihn. Somit legt man Ballast ab und ist von seinen Sünden frei.

Die Schlange war nicht sehr lang. Als ich die Stufen empor stieg, hatte ich ein komisches Gefühl. Gleich nach der Umarmung, hast du auch das letzte Ritual eines Pilgers erledigt und bist kein Pilger mehr sondern ein Tourist. Dennoch umarmte ich Jakobus und genoss die Aussicht in die Kathedrale von hier oben ich fühlte mich einige Minuten wie Jakobus selber. Jetzt bin ich angekommen, angekommen bei dir und bei mir sagte ich leise und weinte. Ich verließ das Podest um anderen die Chance zu geben Jakobus zu umarmen.

Der nächste Weg führte mich unter den Altar. Hier steht ein Sarkophag mit de. Leichnam des Hl. Jakobus. Davor steht eine kleine Bank um sich zu knien und zu beten. Das fotografieren ist verboten, dennoch nutzten es manche aus und störten damit wirklich diese Ruhe und vor allem diesen besonderen Raum. Für mich als Pilger, war dieser Raum und das besuchen des Grabes genauso bedeutsam wie das besuchen der Pilgermesse, das umarmen von Jakobus und das empfangen der Pilgerurkunde.

Ich kniete mich hin, schloss die Augen und betete. Ich stellte mir vor, meine Oma würde in diesem wundervollen Sarg liegen und mir gratulieren und mich umarmen.

Nein es war nicht wie die meisten jetzt denken würden. Die Tränen blieben in mir warum auch immer ich kann es nicht erklären.

Habe ich die Trauer jetzt bewältigt?

Ich weis es nicht und werde es auch nie herausfinden, dennoch steht für mich seit diesem Moment fest, dass ich endlich die Zeit und auch den Mut hatte meine Trauer zu zu lassen. Und es war gut, dass ich es geschafft habe.

Ich verlies diesen für mich wichtigen Ort und bewunderte noch die grandiose Orgel in der Kathedrale und die Figuren, den Butafumeiro und die Beichtstühle. Auch ich nutze die Zeit für eine Beichtgelegenheit, vielleicht weil ich wollte, dass ich wirklich "rein" nach Hause kehre.

Es war Zeit, die Kathedrale zu verlassen, da ich mit den anderen verabredet war. Ich war die erste, setzte mich auf den Vorplatz und lies den Tag Revue passieren. So langsam trudelten auch die anderen ein. Mone; Sarah; Britta; Steffi; Gitti; Klaus; Sonja; Christiane; die zwei Kanadierinnen; Ane; Patrick und ich saßen als wir plötzlich unsere Pilgermelodie hörten.

Ich sah mich um und sah von weiten Silas über den Platz tanzten. Die Freude war riesig. Wir begrüßten uns und er war richtig froh, uns zu sehen. Er war ganz anders als am ersten Tag in Porto. Irgendwie nachdenklich und "Erwachsener". Er erzählte, dass der Weg im Nachhinein auch etwas Spirituelles für ihn hatte. Wir machten etliche Fotos und beschlossen gemeinsam essen zu gehen.

Mone wusste von ihren letzten Santiago Besuchen, dass es ein Restaurant abseits von dem Rummel gibt und schlug vor dort hin zu gehen. Wir schlossen uns an und gingen dort hin.

Wir waren wieder zu früh, doch so blieb uns genug Zeit auszusuchen, was wir essen. Gemeinsam feierten wir unseren definitiv letzten gemeinsamen Abend, denn am nächsten Tag hatte jeder ein anderes Ziel. Die einen fuhren mit dem Zug zurück nach Porto, die anderen mit dem Bus, wieder andere flogen direkt von Santiago nach Hause und Mone, Sarah und Britta brachen am nächsten Tag auf nach Finisterre (dem Ende der Welt).

Auch ich wollte eigentlich bis zum Kilometer Stein 0km nach Finisterre. Ich wollte mit dem Bus dort hin. Doch auf dem Weg riet man mir davon ab und für mich ist es ein Grund, noch einmal nach Santiago zu kommen.

Da ich aber auch vor hatte, etwas mir bedeutsames dort am Ende der Welt zu verbrennen- das ist auch ein Pilgerritual - war ich schon ein bisschen traurig, das ich zu wenig Zeit hatte. Mone und Sarah, boten mir aber an, etwas von mir mit zu tragen.

Schnell war für mich klar, es sollte Frederico sein. Er hat mich begleitet. Von der Vorbereitung bis zu diesem Abend. Er hat meinen Schweiß aufgenommen, hat mich vor Sonne und Niesel geschützt und nicht zu letzt diente er als Ventilator. Die Strapazen der letzten Wochen waren auch ihm anzusehen. Er hatte viele Löcher und das schöne bunte Zierband war auch gerissen.

Er war da, der Moment des großen Abschiedes. Feierlich, überreichte ich Sarah Frederico. Vorsichtig nahm sie ihn zu sich und versprach mir gut auf ihn aufzupassen und direkt außen an ihrem Rucksack zu befestigen, damit er auch die letzten ca. 100km alles mitbekommt und dabei ist.

Dass es mir so schwer fallen würde, einen Strohhut abzugeben, hätte ich nie gedacht.

Viele Umarmungen und Tränen später machte ich mich mit Sonja auf zu unserer Unterkunft. Dort angekommen, blieb ich noch lange Zeit mit ihr draußen stehen. Wir erzählten, tauschten Gedanken aus und schwiegen. Ich genoss zum letzten Mal die Aussicht auf das hell erleuchtete Santiago und ging mit Sonja hinein.

Auch wir mussten uns verabschieden wir wünschten uns gegenseitig einen guten Heimweg und alles Gute. Ich sah mich noch einige Male um und ging in mein Zimmer.

Ich stellte mich ans Fenster und schaute in den Sternenhimmel. ich sah die Milchstraße.

Irgendwo hatte ich einmal gelesen, dass die Milchstraße am Ende der Welt, in Finisterre endet. Ich war noch ca. 100km von diesem Punkt entfernt. Rein theoretisch, hätte ich es locker geschafft, dennoch war ich froh, dass ich morgen endlich wieder nach Hause komme.

Ich packte meinen Rucksack und legte mich auf mein Bett. Viele Schriftstücke hatte ich heute beim Pilgertreffen mitgenommen, welche ich mir zu Gemüte führte. Ich las mir zuerst die Übersetzung der Messe durch, bevor ich einige lose Blätter mit Gedichten durchsah.

Eines der Gedichte nahm ich mir sehr zu Herzen und ich dachte noch lange darüber nach Es hieß:

heimkehren heißt weitergehen

erkenne- verwandelt kehrst du heim reich an persönlichen Erfahrungen bist du nicht mehr die Gleiche, die aufgebrochen ist. Doch die Menschen, viele Fragen und Probleme, die Erwartungen, die Herausforderungen sind geblieben.

nutze deine Chance - Altes neu zu sehen, deinen neuen Erfahrungen zu trauen, mutig neue Wege zu gehen, langsamer ist manchmal schneller, Zeit nehmen um Zeit zu haben, weniger ist mehr, nur ändern, was ich ändern will, auf mein Gefühl vertrauen, auf ein gutes Ende vertrauen

entdecke - nur im Weitergehen, geduldig Schritt für Schritt, bleibst du in der Spur, eröffnen sich neue Möglichkeiten, findest du den Sinn deines Lebens

Denn der eigentliche Pilgerweg, ist der Alltag des Lebens.

von Peter Müller

Mit diesen Gedanken schlief ich ein und träumte vom Weg, den Menschen, der Natur, dem Erlebten, dem Guten; dem Schlechten, dem lachen, dem weinen, der Sonne dem Regen, dem aufgeben, dem weitergehen, dem Leben, dem Tod, der Ferne, der Heimat.........

Butafumeiro

Kapitel 17 Santiago - Porto - Weeze – Elmpt

Samstag 15.September 2012

Auch diese Nacht habe ich sehr gut geschlafen. Dennoch musste ich schon früh raus, da ich mich mit Christiane verabredet habe um gemeinsam mit dem Taxi zum Busbahnhof zu fahren.

Ich ging zu Fuß Richtung Kathedrale, mein Rucksack war wieder bei mir aber Frederico fehlte mir schon jetzt. Zuerst trank ich noch einen letzten Cafe con leche, bevor ich zur Kathedrale ging. Hier wartete Christiane schon auf mich. Gemeinsam setzten wir uns in ein Taxi. Am Busbahnhof angekommen, kauften wir zuerst unsere Tickets für den Bus nach Porto. Wir waren viel zu früh, so konnten wir noch ein bisschen die Sonne genießen.

11.00 Uhr, die Fahrt beginnt. Es ist schon komisch zu wissen, dass man nun ca. drei Stunden braucht, für genau die gleiche Strecke, für die man zu Fuß zwölf Tage gebraucht hat. Schnell aber merkte ich, dass ich im Bus gar nicht die Landschaft wahrnehmen konnte, es ging einfach zu schnell. An einigen markanten Punkten jedoch, fielen mir bekannte Ecken auf und an die ich mich noch genau erinnern konnte. Auf der Busfahrt nutze ich meine Zeit und las noch einmal mein komplettes Tagebuch und dichtete in meinem Kopf folgende Gedanken:

Her gekommen um zu gehen, jedoch blieb ich oftmals stehen.

Ich tankte Kraft und Zuversicht, oft hatte ich ein lachen auf meinem Gesicht.

Menschen getroffen, habe ich viel, als Freunde erreichten wir endlich das Ziel.

Oft war ich am Ende meiner Kraft, aber glücklich habe ich es bis Santiago geschafft.

Von weitem sah ich schon den Flughafen von Porto. Kurze Zeit später hieß es Endstation alle bitte aussteigen. ich sah auf die Uhr und stellte fest, es war noch sehr früh, sogar noch eine Stunde eher als auf meiner Uhr, denn ich war ja wieder in Portugal, wo die Uhren eine Stunde zurück gedreht werden muss. Ich betrat das Flughafengebäude und verabschiede mich von Christiane. Sie fuhr mit der Metro in die City von Porto und blieb noch zwei Tage hier.

Ich setzte mich vor den Flughafen und rauchte mir eine Zigarette. Ein Mann Mitte 30 kam auf mich zu und setzte sich. Wir kamen ins Gespräch und es stellte sich heraus, dass er auch Pilger war. Er ist den französischen Camino gelaufen. Denn er hat die knapp 800 Kilometer in drei Wochen zurückgelegt. Stramme Leistung dachte ich. Ich jedoch bin froh, dass ich 12 Tage für knapp 250 Kilometer gebraucht habe, denn so konnte ich genießen die Schönheit der Natur. Trotz drei Stunden warten, verging die Zeit wie im Flug, denn er erzählte Geschichten und Erlebnisse und auch ich erzählte ihm von meinem Camino.

Stundenlang hätte ich dort noch sitzen bleiben können aber wir mussten einchecken. So gingen wir gemeinsam ins Gebäude und schauten an welchen Schalter wir müssen. Ich stellte mich in die Schlange um mein Gepäck abzugeben. Während ich wartete, kamen Gitti und Klaus auf mich zu, auch sie flogen nach Hause, jedoch mit einer anderen

Maschine. Wir umarmten uns, ich bedankte mich bei ihnen für die guten Worte an meinem letzten Lauftag und die beiden gingen mit ihren Rucksäcken als Handgepäck zum Zoll. Rucksack abgegeben, durch den Zoll in die Wartehalle.

Meine Angst war sehr erträglich. Ich hatte zwar schon meine Rescuetropfen genommen aber ich glaube, die Gelassenheit kam von etwas anderem.

Ich behaupte, dass der Weg Schuld daran hat. Gelassenheit, muss man sich anlernen man muss aber auch dazu bereit sein, sie zu lassen zu können. Von Natur aus, bin ich sehr ängstlich und irgendwie nervt das oft in meinem Leben. Es gibt viele Sachen wo vor ich Angst habe z.B. Flugangst, Angst alleine im dunkeln, Angst vor Krankheiten; Angst als Beifahrer im Auto, Angst auf Leitern zu steigen

Doch der Weg hat mir ein wenig gelernt, meine Angst in den Griff zu bekommen. Gelassenheit zu leben. Gelassenheit ist gesünder für den Kopf und dem Körper, als Angst. Meine Angst vor dem fliegen, habe ich wohl irgendwie auf dem Weg verloren, was aber positiv ist für mich.

Nun hieß es einsteigen bitte. Ich setzte mich, schnallte mich an und hörte Musik. Schon setzte sich die Maschine in Bewegung. ich schaltete meinen MP3 Player zum Start aus. Schnell hatten wir die Flughöhe erreicht und ich schaltete die Musik wieder an. ich hörte besinnliche Lieder, welche mich an den Weg erinnerten. Ich schloss die Augen und ging in Gedanken den Weg.

Genau die Kathedrale vor Porto - der erste gelbe Pfeil - die Altstadt - die schmalen Hauptstraßen- die erste Herberge - die guten Herbergen -meine Gedanken - meine Entscheidung - die netten Menschen – die Caminofamilie - der Punkt an dem ich sterben

wollte - meine Ankunft in Santiago - die Pilgermesse - das umar-
men des Jakobus - FREDERICO - der letzte gemeinsame Abend -
der Abschied der lieb gewonnen Menschen - die Kathedrale von
Santiago - ....

Schnell verging die Zeit und schon bald kam die Durchsage des Piloten, dass wir im Landeanflug sind. Auch auf diesem Flug, waren wir eine halbe Stunde vor geplanter Landung schon wieder auf dem Boden.

Ich ging zum Kofferband und wartete.

Gleich wist du wieder zu hause sein. Was wirst du alles erzäh-
len? Wir wird es sein, in den "Luxus" zurückzukehren? Wer wird
dich von Flughafen abholen? Ich habe Lust auf Currywurst! Wann
kommt denn endlich der Rucksack?

Ja da kam er auch schon übers Band. Ich schnappte ihn mir
und machte den Packsack ab. Verstaute ihn im Rucksack und
ging ganz langsam Richtung Ausgang. Die Türe öffnete sich
und meine Mama und mein Freund standen dort.

Warum auch immer, rannte ich zuerst zu meinem Freund
und umarmte ihn. Dann war Mama dran, auch sie drückte
ich und bei ihr und bei mir, flossen Tränen .Mamas Tränen
waren Freudentränen, dass sie ihr Kind wieder gesund in die
Arme schließen konnte. Bei mir jedoch waren es Tränen der
Trauer, der Erschöpfung und der Freude. Die Menschen, die
für zwei Wochen meine Familie waren, fehlten mir schon
jetzt.

Wir setzten uns ins Auto und fuhren nach Hause. Natürlich erzählte ich ohne Punkt und Komma von meinem Camino. Aber schnell merkte ich, dass mein Freund es nicht ver-

stehen konnte, dass ich mit solch en Emotionen erzählte, von Kleinigkeiten wie z.B. dem Schmetterling. Meine Mama jedoch hörte genau zu und war stolz auf mich.

Zu Hause angekommen, stand schon mein Papa und wartete auf mich. Ich fiel ihm um den Hals. Mein Papa liefen die Tränen, als ich ihm sagte:

"Papa ich bin auch für dich den Weg gegangen, damit du schnell wieder gesund wirst Und gemeinsam schaffen wir das!"

Stolz zeigte ich meinem voll gestempelten Pilgerausweis und meine Compostela. Mama fing an zu weinen, drückte mich und sagte "Ich bin so stolz auf Dich!"

Nach einer Weile der Unterhaltung, wollte ich endlich wieder eine gescheite Dusche nehmen. Ich ging zum Kleiderschrank und holte mir ein frisch gewaschenes Handtuch. Viele werden jetzt denken, warum schreibt die das jetzt.

Für mich jedoch, war der Geruch des Handtuches an diesem Abend ein Geschenk. Niemals vorher, wäre ich auf die Idee gekommen, dass mir der Duft von einem Handtuch so viel Glück und Freude bringen würde, doch an diesem Abend habe ich eine viertel Stunde an dem Handtuch gerochen und war glücklich dabei. Nach einer ausgiebigen Dusche, legte ich mich ins Bett. Aber schlafen konnte ich nicht.I ch war wieder zu Hause.

Zu Hause? Wo ist mein Zuhause? Dort wo das Haus steht in dem ich lebe? oder die Natur? Gibt es wirklich das Zuhause ankommen?

Ich dachte über diese Fragen nach so lange diese stärker waren, als meine Müdigkeit.

Irgendwann, schlief ich ein

FREDERICO mein treuer Begleiter

Kapitel 18 Gedanken nach dem Weg

Die ersten Tage, nach dem Camino, musste ich wieder zurecht kommen in meinem Alltag. Die Uhr spielte schon wieder eine Rolle.

Hektik und Termine waren schnell wieder zu spüren. Dennoch, merkte ich, dass ich an den Weg jeden Tag dachte, um mich wieder ein bisschen zurückzuholen. Mit meiner Familie redete ich sehr viel über das Thema Jakobsweg. Und für mich, merkte ich schnell, was für mich die wichtigsten Begegnungen und Erfahrungen auf dem Weg waren, denn diese wiederholte ich immer wieder.

Erster Arbeitstag nach meinem Urlaub. Bereits morgens, kamen sehr viele Kolleginnen und Kollegen und fragten, wie es mir ergangen ist. Ich erzählte und schwärmte. Jedes Mal merkte ich, dass ich immer das gleiche erzähle und dass es die Menschen traf mit denen ich drüber redete.

Da kam mir die Idee für dieses Buch. Ich möchte Menschen in meinem Umfeld und auch fremden, an meinem Erfahrungen auf dem Weg teilhaben lassen All denen, die den Jakobsweg gehen möchten, aber Angst haben es nicht zu schaffen, möchte ich Mut machen ihn zu gehen. Derjenige, welcher es wirklich schaffen will, der schafft es auch.

Jetzt haben wir Dezember. Kurz vor meinem 30. Geburtstag und knapp 3 Monate nach meinem Jakobsweg. Vieles ist seitdem passiert.

Gedanken, die mich auf dem Weg begleitet haben, habe ich noch einmal aufgegriffen und Entscheidungen getroffen.

Ich habe mein Leben geändert.

Die Suche nach mir und neu zu Gott, war erfolgreich. Ich gehe wieder regelmäßig sonntags in die Messe.

Ich merke, dass diese Stunde mir immer wieder neue Kraft gibt, für die kommende Woche. Die Gemeinschaft erleben, gemeinsam im Haus Gottes. Das ist Glück und macht froh.

Viele Dinge, sehe ich seit meiner Reise ganz anders. Das, was ich vorher brauchte um glücklich zu sein, ist nun im Hintergrund. Ich erfreue mich über die kleinsten Dinge des Alltags.

Meine Familie und ich, sind noch enger zusammengewachsen. ich habe gemerkt, wer mir in den zwei Wochen am meisten gefehlt hat. Und dieser wundervollen Familie möchte ich an dieser Stelle danken. DANKE für Eure Unterstützung.

Der regelmäßige Kontakt, zu den Mitpilgern ist einfach nur ein Traum. wir schreiben uns und tauschen unsere Geschichten des Alltags aus. Wir reden über den Weg und über unsere Probleme. Viele Dinge, die man einem Fremden nie anvertrauen würde, sagt man den Mitpilgern und lässt sie an seinem leben teilhaben. Das ist ein Wahnsinn, wie viele neue Freundschaften entstanden sind. An dieser Stelle möchte ich mich bei allen Mitpilgern bedanken. Alle haben dazu beigetragen, dass diese Reise immer in meiner Erinnerung bleibt.

Ja es ist noch kein Tag vergangen, an dem ich nicht an den Jakobsweg gedacht habe. Ich habe mich mit dem Virus CAMINO infiziert und bin froh darüber und plane bereits den nächsten

Buen Camino

Über tredition

Der tredition Verlag wurde 2006 in Hamburg gegründet. Seitdem hat tredition Hunderte von Büchern veröffentlicht. Autoren können in wenigen leichten Schritten print-Books, e-Books und audio-Books publizieren. Der Verlag hat das Ziel, die beste und fairste Veröffentlichungsmöglichkeit für Autoren zu bieten.

tredition wurde mit der Erkenntnis gegründet, dass nur etwa jedes 200. bei Verlagen eingereichte Manuskript veröffentlicht wird. Dabei hat jedes Buch seinen Markt, also seine Leser. tredition sorgt dafür, dass für jedes Buch die Leserschaft auch erreicht wird

Autoren können das einzigartige Literatur-Netzwerk von tredition nutzen. Hier bieten zahlreiche Literatur-Partner (das sind Lektoren, Übersetzer, Hörbuchsprecher und Illustratoren) ihre Dienstleistung an, um Manuskripte zu verbessern oder die Vielfalt zu erhöhen. Autoren vereinbaren unabhängig von tredition mit Literatur-Partnern die Konditionen ihrer Zusammenarbeit und können gemeinsam am Erfolg des Buches partizipieren.

Das gesamte Verlagsprogramm von tredition ist bei allen stationären Buchhandlungen und Online-Buchhändlern wie z. B. Amazon erhältlich. e-Books stehen bei den führenden Online-Portalen (z. B. iBook-Store von Apple) zum Verkauf.

Seit 2009 bietet tredition sein Verlagskonzept auch als sogenanntes "White-Label" an. Das bedeutet, dass andere Personen oder Institutionen risikofrei und unkompliziert selbst zum Herausgeber von Büchern und Buchreihen unter eigener Marke werden können.

Mittlerweile zählen zahlreiche renommierte Unternehmen, Zeitschriften-, Zeitungs- und Buchverlage, Universitäten, Forschungseinrichtungen, Unternehmensberatungen zu den Kunden von tredition. Unter www.tredition-corporate.de bietet tredition vielfältige weitere Verlagsleistungen speziell für Geschäftskunden an.

tredition wurde mit mehreren Innovationspreisen ausgezeichnet, u. a. Webfuture Award und Innovationspreis der Buch-Digitale.

tredition ist Mitglied im Börsenverein des Deutschen Buchhandels.